Küchenkräuter

anbauen und genießen

Jeff Cox & Marie-Pierre Moine

DK

Cheflektorat Dawn Henderson, Angela Wilkes
Projektbetreuung Andrew Roff
Redaktion Helena Caldon, Constance Novis
Bildredaktion Christine Keilty
Gestaltung Will Hicks, Elly King
Fotos William Reavell, Peter Anderson,
Sarah Ashun
Herstellung Jennifer Murray, Seyhan Esen

Für die deutsche Ausgabe:
Programmleitung Monika Schlitzer
Redaktionsleitung Caren Hummel
Projektbetreuung Regina Franke, Manuela Stern
Herstellungsleitung Dorothee Whittaker
Herstellungskoordination Katharina Schäfer
Herstellung Ines Tuszynski, Evely Xie
Covergestaltung Evely Xie

Titel der englischen Originalausgabe:
The Cook's Herb Garden

Übersetzung Susanne Vogel
Lektorat Christine Ritter

ISBN 978-3-8310-3501-4

Repro Colourscan, Singapore
Druck und Bindung China

Besuchen Sie uns im Internet
www.dorlingkindersley.de

Hinweis:
Die Informationen und Ratschläge in diesem Buch sind von den Autoren und vom Verlag sorgfältig erwogen und geprüft, dennoch kann eine Garantie nicht übernommen werden.
Eine Haftung der Autoren bzw. des Verlags und seiner Beauftragten für Personen-, Sach- und Vermögensschäden ist ausgeschlossen.

DK dankt Petersham Nurseries für die attraktiven Kräuterarrangements.

www.petershamnurseries.com

INHALT

VORWORT DES GÄRTNERS JEFF COX

Für mich sind Kräuter die wahren Champions des Küchengartens. Sie vergrämen in Eigenregie, ohne dass wir zu chemischen Mitteln greifen müssen, schädliche Insekten und Pilze – allein mit ihren ätherischen Ölen. Eben diese bereiten uns wiederum sinnliches Vergnügen, wenn wir unsere Speisen mit Kräutern würzen oder sie als Tee genießen.

Ich liebe es, mit Kräutern zu arbeiten und zu leben. Sobald es im Frühjahr warm wird, treiben die altvertrauten Stauden verlässlich neu aus und aus den Samen der Einjährigen sprießen die bekannten Pflanzen. Manchmal kommen Neuerscheinungen hinzu, mit denen ich ebenfalls Freundschaft schließe.

Im milden Klima des Sonoma County in Kalifornien ziehe ich neben den üblichen Mittelmeerkräutern Minze, Borretsch, Bohnenkraut, Meerrettich und andere Arten. Wenn ich in Vorbereitung des Abendessens den Garten durchstreife, lautet die Frage: Welche Kräuter sind gerade in Bestform? Aus der Antwort ergeben sich dann die übrigen Zutaten.

Fast alle der in diesem Buch vorgestellten Kräuter faszinieren nicht zuletzt mit ihren Blüten und geben insofern außer in reinen Kräutergärten auch in gemischten Schmuckrabatten und selbst in Töpfen auf dem Fensterbrett einen zauberhaften Blickfang ab. Und sie bieten eine wahre Schatzkammer von Aromen und garantieren wundervolle Geschmackserlebnisse.

Jeff Cox

VORWORT DER KÖCHIN MARIE-PIERRE MOINE

Für mich als Köchin sind Kräuter meine besten Freunde. Sie verwandeln meine Kompositionen aus Notvorräten in echte Genüsse. Das gelingt zart pfeffrigem Basilikum bei Spaghetti mit Tomaten aus dem Glas, kräftiger Petersilie und sanftem Schnittlauch bei grünen Bohnen mit zerpflücktem Dosenthunfisch, Thymian oder Salbei bei Reis mit Tiefkühlerbsen.

Auch in der gehobeneren Küche erweisen sich Kräuter als wertvolle Verbündete. Und sie steigern sich noch gegenseitig in ihrer Wirkung. Also bette ich eine Lammschulter auf Rosmarin- und Thymianzweige, bestreue Schweinebauch mit einer Mischung aus getrockneten Fenchel- und Senfsamen, mische Estragon und Petersilie im Duo unter geschmorte Tomaten. Ganz zum Schluss noch ein paar frische Kräuter darübergestreut, und fertig ist ein Gaumenschmaus, der schon beim Ansehen Appetit macht.

Als Städterin habe ich keinen Gemüsegarten. Doch ich züchte Kräuter in Töpfen auf der Fensterbank und musste daher nie welche kaufen – jedenfalls nicht in der Vegetationszeit.

Frische Blätter von einem Rosmarinzweig abzustreifen oder Basilikum zu pflücken macht einfach Laune. Aber auch wenn der Nachschub irgendwann versiegt, ist das kein Grund zur Traurigkeit, denn zum Glück lassen sich viele Kräuter gut einfrieren oder trocknen. So kann man die Zeit bis zur nächsten Saison gut überbrücken.

Marie-Pierre Moine

AUSWAHL

Das Spektrum an Kräutern ist riesig. Also muss man zunächst herausfinden, welche einem schmecken, wie man sie verwendet und welche Ansprüche sie stellen. Für jeden Platz, ob im Garten oder auf dem Fensterbrett, ist ein Kraut gewachsen.

KRÄUTER IN TÖPFEN, KÄSTEN & KÖRBEN

In nur einem Gefäß kann man gut unterschiedliche Kräuter zu bestimmten kulinarischen Themen kombinieren. Die nachfolgenden Arrangements lassen sich je nach Gusto und Bedarf abwandeln.

LEGENDE:

KÄLTETOLERANZ

- ❄ Frostempfindlich
- ❄❄ Halbwinterhart
- ❄❄❄ Winterhart

WUCHSBEDINGUNGEN

- ☼ Bevorzugt Sonne
- ◐ Bevorzugt Halbschatten
- ● Bevorzugt Schatten
- 💧 Toleriert feuchten Boden

GRÖSSE

↕ Höhe ↔ Breite

BASICS FÜR JEDEN TAG

Auf bestimmte Kräuter greift man beim Kochen immer wieder gern zurück. Eine Handvoll Salbei macht aus einem schlichten Brathähnchen eine Köstlichkeit, Basilikum gibt einem Tomatensalat mehr Aroma, Oregano haucht Pastasauce, Koriandergrün hingegen einer Salsa erst so richtig Leben ein. Auch frischer Thymian und Petersilie sind in der Alltagsküche ein absolutes Muss.

SALBEI
Salvia officinalis
Das immergrüne Kraut sieht in einem Gefäß ganzjährig hübsch aus. Die jungen Blätter, die nachsprießen, wenn man sie regelmäßig pflückt, haben einen ausgesprochen feinen Geschmack.

KORIANDER
Coriandrum sativum
Vor allem in den Küchen Indiens und Asiens ist sein markantes Aroma sehr geschätzt. Er liebt Halbschatten, ein geschützter Fensterplatz ist also ideal.

KULTUR Die meisten dieser Kräuter begrüßen ein gut durchlässiges Substrat aus Erde und Sand zu gleichen Teilen. Regelmäßig gießen und im Sommer ab und zu Flüssigdünger geben. Speziell Basilikum und Koriander verübeln Trockenheit.

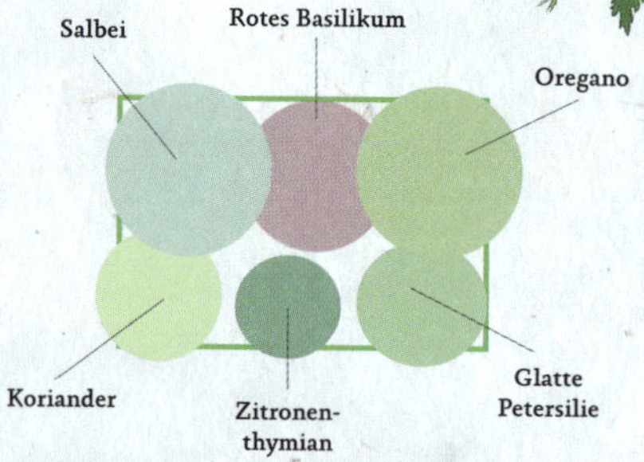

ERNTE Beim Salbei die Blätter so abzupfen, dass die Pflanze ihre Form behält, bei anderen Kräutern ganze Stiele abschneiden.

ROTES BASILIKUM
Ocimum basilicum var. *purpurascens*
Diese Varietät überzeugt mit ihrem Aroma ebenso wie mit ihrem Erscheinungsbild. Man muss sie allerdings jedes Jahr neu pflanzen.

OREGANO
Origanum vulgare
Das Kraut kommt im Container gut zurecht. Nach der Blüte in Form schneiden und im Winter bis auf 5 cm über der Erde stutzen.

GLATTE PETERSILIE
Petroselinum crispum var. *neapolitanum*
Vorzüglich als Garnitur für Suppen und Eintöpfe sowie Fleisch- und Fischgerichte. Regelmäßiges Zupfen der Blätter dämmt übermäßigen Wuchs ein.

ZITRONEN-THYMIAN
Thymus × citriodorus
'Silver Queen'
Bei diesem Kraut bleibt der kräftige Zitronenduft der hübsch panaschierten Blätter auch beim Kochen erhalten. Im Sommer empfiehlt sich ein vollsonniger Platz, im Winter Schutz vor kalten Winden.

***Terrakotta-Kästen** Da sie porös sind und folglich Feuchtigkeit aufnehmen, können sie bei Kälte springen. Eine Innenversiegelung schafft hier Abhilfe. Es gibt allerdings auch frostfeste Ausführungen.*

SALATKRÄUTER

Jedes dieser Kräuter hat eine markante Eigennote. »Weniger ist mehr«, lautet daher bei ihrer Verwendung in Salaten die Devise – außer beim Kerbel. Diese Pflanzen vertragen sich sowohl im Pflanzgefäß als auch in der Küche ausgezeichnet, nur Dill neigt mit seiner kümmelartigen Note zur Dominanz. Bis auf Estragon, eine verholzende Staude, müssen sie alle 1–2 Jahre ersetzt werden.

DILL
Anethum graveolens
Umpflanzen behagt Dill nicht, deshalb kommt er beim Bepflanzen des Kastens gleich an seine endgültige Position. Er passt vorzüglich zu Fischgerichten.

RUCOLA
Eruca vesicaria **subsp.** ***sativa***
Die sanfte Pfeffernote der Blätter wird mit zunehmendem Alter intensiver. Regelmäßiges Abernten regt den Neuaustrieb an.

KULTUR Ideal ist ein nährstoffreicher, gut dränierter und feuchter, aber nicht zu nasser Boden. Mischen Sie gute Gartenerde und Topferde zu gleichen Teilen und gießen Sie regelmäßig, besonders bei Hitze.

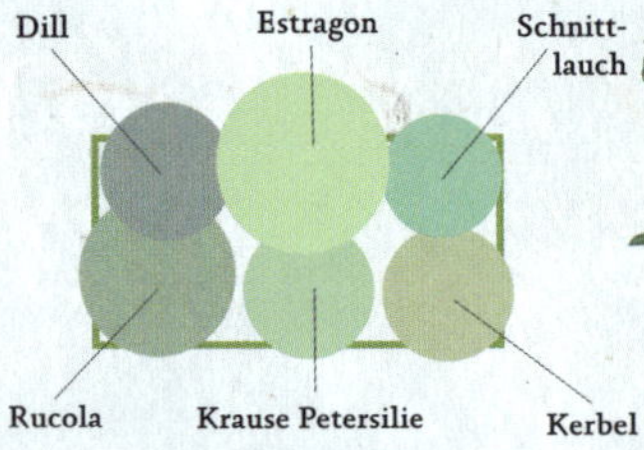

Entspitzen der Triebe mehrt die Aromaintensität der Blätter. Dill sollte man jedoch blühen lassen, um die Samen zu gewinnen.

ERNTE Bei Rucola einzelne Außenblätter, ansonsten ganze Stängel ernten.

FRANZÖSISCHER ESTRAGON
Artemisia dracunculus* var. *sativa
Man kann dieses Kraut, das wegen seines markanten Anisaromas sparsam verwendet wird, aus Jungpflanzen oder auch aus Stecklingen ziehen.

SCHNITTLAUCH
Allium schoenoprasum
Salate und Salsas gewinnen durch Schnittlauch eine delikate Zwiebelwürze. Man trennt die röhrenförmigen Blätter 2,5 cm über dem Boden ab und schneidet sie in feine Röllchen.

KERBEL
Anthriscus cerefolium
Die zierlichen und fein gefiederten Blätter duften leicht nach Anis und Petersilie. Da bei starker Sonneneinstrahlung die Blüte allzu früh einsetzt, ist ein halbschattiger Standort vorzuziehen.

KRAUSE PETERSILIE
Petroselinum crispum
Das anmutige Kraut macht sich gut in Pflanzgefäßen, zumal es sich nicht allzu stark ausbreitet. Man streut die Blätter, fein gehackt, gern über Salate.

Pflanzkasten aus Holz *In den Kastenboden Ablauflöcher bohren. Um das Holz vor Fäulnis zu schützen, den Kasten vor dem Einfüllen der Erde mit schwarzer Folie auskleiden und diese über den Ablauflöchern durchstoßen.*

MEDITERRANE POTPOURRIS

Diese mediterranen Kräuter gedeihen am besten in stark durchlässigen Böden und entwickeln das intensivste Aroma an einem vollsonnigen Standort bei trockener Hitze. Die Mittelmeerküche ist berühmt für ihre lebhaften Geschmackseindrücke, die nicht zuletzt von diesen Kräutern herrühren.

ROSMARIN
Rosmarinus officinalis
Ein kräftiger, kiefernartiger Duft geht von diesem immergrünen Strauch aus, der regelmäßig gestutzt werden muss.

BASILIKUM
Ocimum basilicum 'Genovese'
Das Kraut zählt zu den Einjährigen und muss daher in jedem Frühjahr unter Glas frisch ausgesät werden. Es fühlt sich auch auf einer sonnigen Fensterbank wohl.

ECHTER THYMIAN
Thymus vulgaris
Der bekannteste Vertreter der immergrünen Halbsträucher ist eine klassische Ergänzung zu Geflügel, Schweinefleisch und Fisch sowie ein Muss in Bouquets garnis *(siehe S. 128)*.

KULTUR Nach Bedarf die Erde mit grobem Sand auflockern. Damit die Arrangements im Winter reizvoll sind, unbedingt Mehrjährige mit einbeziehen. Gießen, wenn die Blätter schlapp werden.

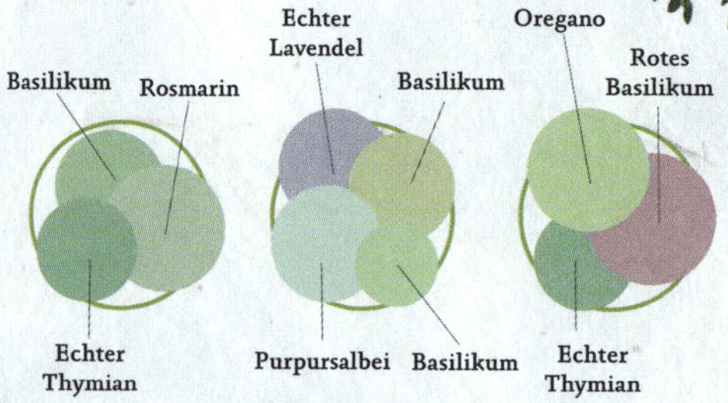

Entspitzen lässt bei Basilikum und Oregano die Blätter dichter sprießen.
ERNTE Basilikum- und Salbeiblätter einzeln und über die ganze Pflanze verteilt zupfen.

ECHTER LAVENDEL
Lavandula angustifolia
Die Blüten und immergrünen Blätter dienen zum Aromatisieren von Sirup und Zucker.

PURPURSALBEI
Salvia officinalis 'Purpurascens'
Diese immergrüne Staude liefert ganzjährig Blätter.

BASILIKUM
Ocimum basilicum 'Green Ruffles' und 'Napolitano'
Diese Einjährigen duften würzig und anisartig.

GRIECHISCHER OREGANO
Origanum vulgare subsp. ***hirtum***
In der griechischen und türkischen Küche kommen die dunklen, aromatischen Blätter dieser Unterart häufig zur Anwendung.

ROTES BASILIKUM
Ocimum basilicum var. ***purpurascens***
Kräftig wie die Farbe ist auch der Duft, den das Laub dieser Varietät verströmt.

Terrakotta-Töpfe
Im Lauf der Zeit bildet sich durch Aussalzungen eine charakteristische weißliche Patina.

ARABISCHES FLAIR

Von der Türkei bis Marokko verleihen diese Kräuter kulinarischen Klassikern ihre kräftig aromatische Note. Traditionell trinkt man dazu heißen Tee von Grüner Minze, die deshalb genau wie der ebenfalls für Tees beliebte Anis-Ysop in dem Zinktrog einen Platz erhielt.

KORIANDER
Coriandrum sativum
In einem Topf, den man einfach in die Sonne stellen kann, ist das wärmeliebende Kraut am besten aufgehoben. Regelmäßig stutzen, um die Blattbildung zu fördern. Will man Samen ernten, die Pflanze in Ruhe lassen, sodass sie zur Blüte gelangt.

KULTUR All diese Kräuter schätzen gute Topferde, die für eine bessere Dränage nach Bedarf mit grobem Sand gemischt wird. Durch Entspitzen regt man Anis-Ysop zur Bildung junger, zarter Blatttriebe an. Man gießt, sobald die Erde trocken wird.

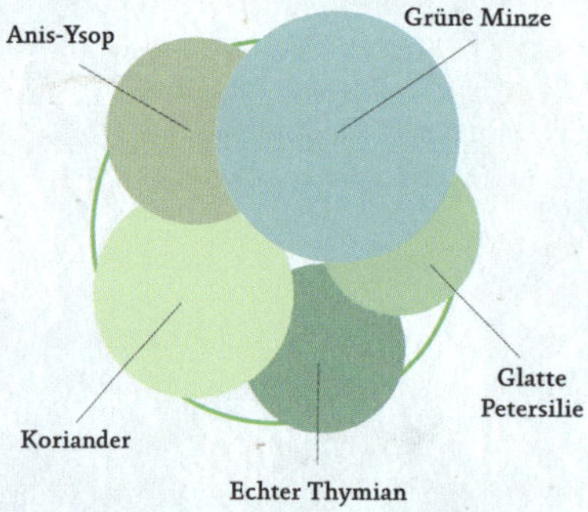

ERNTE Ganze Stängel oder Seitentriebe, alternativ auch Einzelblätter abnehmen.

ANIS-YSOP
Agastache foeniculum
Die hübschen Blätter duften markant nach Anis. Bei strengem Frost braucht das Kraut Schutz.

GRÜNE MINZE
Mentha spicata
Grüne Minze, die häufigste Vertreterin ihrer Gattung, ergibt erfrischende Tees und ist eine unverzichtbare Zutat im Taboulé (siehe S. 152).

GLATTE PETERSILIE
Petroselinum crispum
var. ***neapolitanum***
Damit man regelmäßig ernten kann, Petersilie ab Frühjahr in Intervallen in Töpfe aussäen und die Jungpflanzen nach Bedarf in den Haupttopf umsetzen.

ECHTER THYMIAN
Thymus vulgaris
Sein leicht harziges, an Kiefern erinnerndes Aroma ist aus den Lammtöpfen und vielen anderen Gerichten der arabischen Küche nicht wegzudenken.

Zinktrog *Damit überschüssiges Wasser ablaufen kann, wird der Boden mehrfach durchlöchert. Eine Lage Steine unten im Gefäß verhindert »nasse Füße«, die nur die Minze toleriert.*

WINTERHART

Temperaturen bis –29° C sind für diese Kräuter – ausgenommen Rosmarin, der in vielen Gegenden einen Winterschutz braucht – kein Problem. Geben Sie den Wurzeln genug Raum, denn die Pflanzen wachsen über Jahre hinweg.

GRIECHISCHER OREGANO
Origanum vulgare **subsp.** ***hirtum***
Die runden, dunklen Blätter duften harziger und pfeffriger als die des gewöhnlichen Oregano.

ZITRONENTHYMIAN
Thymus × citriodorus 'Fragrantissimus'
Eine deutliche Zitrusnote geht von den immergrünen, panaschierten Blättern aus. Man kann sie ganzjährig pflücken.

KULTUR In durchlässige, mit Topferde angereicherte Gartenerde pflanzen. Im Frühjahr die obere Substratschicht (5 cm) durch frische Topferde ersetzen.

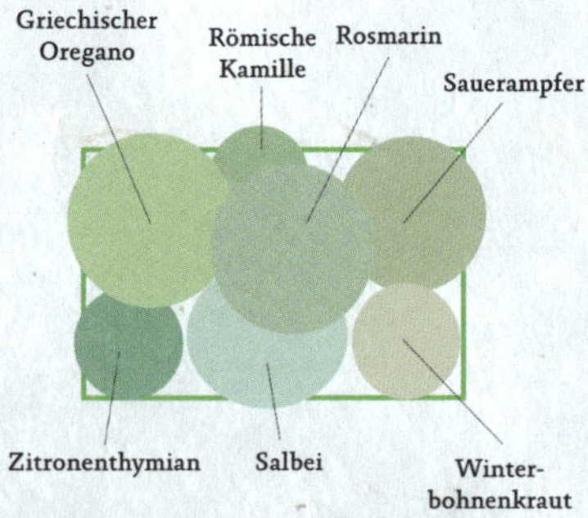

ERNTE Bei Sauerampfer ganze Stiele oder Einzelblätter abschneiden. Kamillenblüten bereits im Knospenstadium ernten.

RÖMISCHE KAMILLE
Chamaemelum nobile
Nicht mit der einjährigen Echten Kamille verwechseln. Ernten Sie die Knospen für Tees – oder freuen Sie sich an den anmutigen Blüten.

SAUERAMPFER
Rumex acetosa
Die großen Blätter schmecken herb-säuerlich. Damit sie kontinuierlich nachwachsen, sollte man die Blüten gleich im Ansatz entfernen.

ROSMARIN
Rosmarinus officinalis
Sein harziger Duft erinnert an Kiefern und Kampfer. Köstlich zu Kartoffeln und Lamm sowie zum Aromatisieren von Ölen.

WINTERBOHNENKRAUT
Satureja montana
Die halbimmergrüne Pflanze braucht Winterschutz. Wegen des kräftigen Aromas sparsam verwenden.

SALBEI
Salvia officinalis
Seine Blätter würzen Saucen (siehe S. 164), Geflügel (siehe S. 139) oder auch zerlassene Butter, die man über Pasta träufelt. Wohltuend wirkt Salbeitee.

Holzkiste *Wird es trotz allen Raumes für die wüchsigen Kräuter eng, teilt man sie im Herbst oder zeitigen Frühjahr, wenn sie kaum wachsen (siehe S. 91). Ein Teil kommt zurück in die Kiste, der Rest in andere Töpfe.*

KRÄUTERTEES

Besonders delikat und zugleich intensiv sind Tees, die man aus ganz frischen Kräutern bereitet. Denn deren aromatische Inhaltsstoffe verflüchtigen sich schon bald nach dem Pflücken. Die hier vorgestellten Kräuter ergeben Tees für jeden Geschmack.

ZITRONENMELISSE
Melissa officinalis
Für einen zarten Zitrus-Minze-Hauch junge Blätter pflücken. Unerwünschte Sämlinge gleich entfernen.

SCHARLACH-INDIANERNESSEL
Monarda didyma
Die Pflanze liefert einen exzellenten Tee. Alle 3 Jahre austopfen und teilen.

WALDMEISTER
Galium odoratum
Schon 2 Stängel reichen für einen milden Tee mit Vanillenote. Die Pflanze gedeiht im Schatten der anderen Kräuter.

KULTUR Diese Pflanzen mögen feuchte Topf- oder durchlässige Gartenerde. Daher rings um die Wurzelhälse trockenen Grasschnitt verteilen und gut andrücken. Zitronenverbene entspitzen, Fenchel stutzen.

ERNTE Von Waldmeister nur 1–2 Stiele, von den übrigen Kräutern hier und da Einzelblätter ernten.

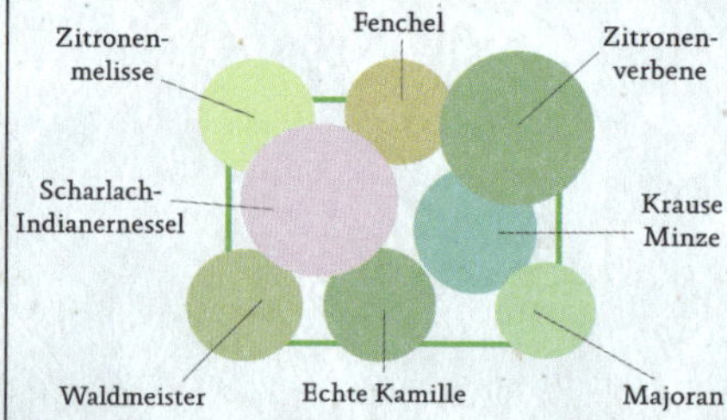

FENCHEL
Foeniculum vulgare 'Purpureum'
Der milde Tee schmeckt leicht nach Anis. Entspitzen regt das Wachstum an.

ZITRONENVERBENE
Aloysia triphylla
Man schnuppert und schmeckt im Tee deutlich Zitrone, doch nicht deren scharfe Säure. Die Pflanze wird nach dem Laubfall zurückgeschnitten.

KRAUSE MINZE
Mentha spicata var. ***crispa*** 'Marokko'
Mit ihrem betont frischen Aroma ist sie in Nordafrika als Teekraut sehr beliebt. Sie wuchert und erhält daher im Korb einen eigenen Topf.

MAJORAN
Origanum majorana
Majoran ist einjährig, wird also jährlich neu ausgesät. Er duftet dezenter als Oregano, der Tee ist lieblich und zartwürzig mit leichter Kampfernote.

ECHTE KAMILLE
Matricaria recutita
Für Tee ist sie der Römischen Kamille, einer mehrjährigen Pflanze mit bitterem Geschmack, eindeutig vorzuziehen. Die einjährige Pflanze wird in jedem Frühjahr neu ausgesät.

Weidenkorb *Das Geflecht lässt ihn rustikal wirken. Den Korb im Sommer an einen Sonnenplatz und ab Herbst, wenn die Pflanzen einziehen, und den Winter über in den Schatten stellen.*

DER KRÄUTERKATALOG

Um als Kraut zu gelten, müssen Pflanzen bestimmte botanische Kriterien erfüllen. Nachfolgend werden Arten vorgestellt, die in gemäßigtem Klima gedeihen und deren Blätter, Blüten, Samen oder Wurzeln in verschiedenen Küchen als Aromaspender zur Verwendung kommen. Die Blätter und Stiele mancher dieser Kräuter werden auch gekocht als Gemüse serviert.

LAUCH, ZWIEBEL

Allium spp.

Diese Mitglieder der *Allium*-Familie finden sich in vielen Rezepten als Würzelement oder sogar als Hauptzutat. Sie vertragen Trockenheit und werden selten von Schädlingen befallen.

Kultur Für alle genannten Arten sollte man den Boden vor dem Pflanzen oder Aussäen mit Kalksteinmehl oder Holzasche aufbereiten. Knoblauch möglichst im Herbst, alternativ im Frühjahr zusammen mit Zwiebeln und Schnittlauch pflanzen.

Ernte Die Zwiebeln im Sommer ausgraben und gleich verbrauchen oder einlagern (siehe S. 118). Blätter und Blüten während der Wachstumsperiode nach Bedarf ernten.

Küche Knoblauch und Zwiebeln bewahren beim Kochen ihr Aroma. Das Grün aller *Allium*-Arten sollte man möglichst roh verwenden.

Frischer Knoblauch mit noch grünem Schaft hat einen milderen Geschmack.

KNOBLAUCH ▶

Allium sativum

❄❄❄☼

Im Herbst Zehen in voller Sonne in humosen Boden setzen. Knollen ausgraben, wenn ihr Laub braun und trocken ist.

WUCHS Hohle Stängel

↕ 45 cm

↔ 23–30 cm

KÜCHE Würzt Saucen, Eintöpfe, Butter, Öle und vieles mehr.

▲ SCHNITTLAUCH

Allium schoenoprasum

❄❄❄☼

Man sollte ihn, da sich die Zwiebeln in gutem Boden stark vermehren, durch Topfkultur in Schranken weisen. Blätter und Blüten nach Bedarf in kleiner Menge abschneiden.

WUCHS Blattröhren

↕ 30 cm

↔ 45 cm

KÜCHE Grün und Blüten klein geschnitten oder ganz als Garnitur oder zum Würzen von Eierspeisen, Salaten und Sauerrahm verwenden.

◀ SCHLANGENKNOBLAUCH

Allium sativum var. *ophioscorodon*

❄❄❄☼

Brutzwiebeln im Herbst in gute Gartenerde pflanzen. Im Frühjahr die Blätter schneiden, im Herbst die purpurn und weiß gefärbten Zwiebeln ausgraben. Die Varietät schmeckt dezent nach Knoblauch.

WUCHS Hohle Stängel

↕ 45 cm ↔ 23–30 cm

KÜCHE Das Grün wie Schnittlauch, die Zwiebeln wie Knoblauch verwenden.

Der Duft der breiten Blätter erinnert stark an Knoblauch.

BÄRLAUCH ▶

Allium ursinum

❄❄❄◐☀

Die mehrjährige Pflanze im Herbst an halbschattigen bis schattigen Stellen im Garten mit feuchtem Grund aussäen. Blätter und Blüten nach Bedarf pflücken, Zwiebeln im Herbst ernten.

WUCHS Hohle Stängel

↕ 36–45 cm ↔ 30 cm

KÜCHE Blätter und Blüten in Salaten oder als Garnitur für Kartoffel- und Eiergerichte, Zwiebeln in Suppen, Sahnesaucen und Risottos verwenden.

Junges Grün hat ein milderes Knoblaucharoma.

SCHNITTKNOBLAUCH ▶

Allium tuberosum

❄❄❄☼

Im Frühjahr in gute Erde pflanzen. Horste alle 3 Jahre teilen. Stängel nach Bedarf schneiden.

WUCHS Flache Stängel

↕ 30 cm

↔ 15–20 cm

KÜCHE Bereichert Kartoffelsalat.

Die Winterzwiebel treibt runde, hohle Blätter.

WINTERZWIEBEL ▶

Allium fistulosum

❄❄❄☼

Im Frühjahr säen oder die Zwiebeln setzen und etablierte Horste teilen. 5–6 Wochen nach dem Pflanzen die Zwiebeln ernten.

WUCHS Hohle Blätter

↕ 20–25 cm ↔ 15 cm

KÜCHE Verwendung in Eierspeisen, Quiches und herzhaften Tartes.

ANIS-YSOP

Agastache foeniculum

Im Sommer geben die purpurnen Blütenähren eine attraktive Bienenweide ab. Sie duften, genau wie die Blätter, nach Minze und Anis.

❄❄☼◑

Kultur Im Frühjahr Stecklinge nehmen oder die Pflanzen teilen. Alternativ im Spätwinter unter Glas aussäen und die Sämlinge nach Abklingen der Fröste in gute Gartenerde auspflanzen. Ideal sind ein nährstoffreicher und feuchter Boden sowie volle Sonne, doch die Pflanze toleriert auch Halbschatten.
Ernte Unmittelbar vor der Blüte hat das Grün den besten Geschmack.
Küche Blätter und Blüten verleihen Salaten einen zarten Minze- und Anishauch. Er kennzeichnet auch den frisch aus ihnen aufgebrühten Tee.

WUCHS Aufrecht, beblättert
↕60–90 cm ↔ 45 cm

Die feinen oberen Blätter ergeben den besten Tee.

ZITRONENVERBENE

Aloysia triphylla

Aus langen Trieben treibt der Strauch dichtes Laub, das seinen zitronigen Duft jedoch erst freisetzt, wenn man es reibt.

❄☼

Kultur Nach dem Ende der Fröste Stecklinge im Freiland in gut dränierten, trockenen Grund und an vollsonnige Standorte pflanzen. Am besten setzt man sie in Kübel, die man dann in der Erde versenkt. So kann man die Pflanzen ohne Mühe im Herbst ins Haus holen und dort überwintern.
Ernte Um sie frisch zu verwenden, pflückt man Blätter nach Bedarf.
Küche Für Tees mit Zitronennote, zum Aromatisieren von Essigen und Ölen oder, fein gehackt, als Zutat in Salaten und Fruchtdesserts.

WUCHS Aufrecht, buschig
↕3 m ↔ 3 m

AMARANTH

Amaranthus hypochondriacus

In Wasser gekocht ergeben die Samen einen »Getreidebrei«.

Außer den spinatähnlich schmeckenden Blättern liefert die weltweit verbreitete Einjährige Samen mit 30 Prozent mehr Eiweiß mit hohem Lysingehalt als die meisten Getreide.

❄☼

KULTUR Im Frühjahr an einem sonnigen Platz aussäen – der Bodentyp spielt so gut wie keine Rolle. Da Körneramaranth bis zu 1 kg Samen pro Pflanze bilden kann, muss die Pflanze eventuell gestützt werden.
ERNTE Die Blätter nach Bedarf pflücken und die Samenstände samt Stiel abschneiden (zum Trocknen und Gewinnen der Samen siehe S. 116).
KÜCHE Junge Blätter bereichern Salate, ältere bereitet man wie Spinat zu. Die Samen in etwas Wasser garen oder wie Popcorn trocken rösten.

WUCHS Aufrecht, buschig
↕ 1,2–1,5 m ↔ 45–60 cm

DILL

Anethum graveolens

Als Einlegegewürz schätzt man die Samen, die in den Dolden dieser Einjährigen reifen, wegen seines Anisaromas das fein gefiederte Kraut.

❄❄❄☼

KULTUR Da Dill nicht verpflanzt werden möchte, sät man ihn einfach ab Mitte Frühjahr am endgültigen Standort mit viel Sonne und nährstoffreichem, gut dräniertem Boden aus. Nachbarpflanzen profitieren von den Insekten, die er anlockt. Folgesaaten bis in den Sommer verlängern die Erntezeit.
ERNTE Das Grün frisch oder getrocknet nutzen. Samen vor der Ernte (siehe S. 106) ausreifen lassen.
KÜCHE Die Samen verwendet man für Tees und Essige. Das Kraut würzt frisch oder getrocknet Salate und Suppen. Dill passt gut zu Fisch und ist eine unverzichtbare Zutat für Graved Lachs.

WUCHS Aufrechte, hohle Stängel
↕ 60–90 cm ↔ 15–30 cm

ENGELWURZ

Angelica archangelica

Blätter und Stängel duften wie Wacholder. Das macht sich u.a. die Likörindustrie zunutze. Auch die Samen und Wurzeln sind genießbar.

KULTUR Im Herbst oder Frühjahr in feuchten, mit Kompost angereicherten Boden im Halbschatten aussäen, und zwar gleich an Ort und Stelle, da sich die Zweijährige wegen der langen Pfahlwurzel nicht verpflanzen lässt. Bei Trockenheit und Hitze im Sommer gründlich wässern. Die Pflanze stirbt nach der Blüte ab.
ERNTE Vor der Blüte hier und da Einzelblätter oder ganze Seitentriebe abnehmen. Samen bei Reife sammeln (siehe S. 106). Wurzeln im Spätherbst nach der Blüte ausgraben und trocknen.
KÜCHE Die Samen geben Getränken eine leichte Süße, die Blätter aromatisieren Konfitüren, Fruchtdesserts und Tees, die Stiele eignen sich kandiert als Kuchendekoration.

WUCHS Aufrecht, dichtlaubig
↕30–60 cm ↔ 23–30 cm

KERBEL

Anthriscus cerefolium

Wie Schnittlauch, Petersilie und Estragon gehört die Einjährige zu den Fines Herbes. Die gefiederten Blätter besitzen ein zartes Anisaroma.

KULTUR Sobald es im Frühjahr wärmer wird, im Halbschatten in kühlen, feuchten, mit Kompost angereicherten Grund säen. Umpflanzen ist wegen der Pfahlwurzel nicht möglich. Kerbel neigt bei Hitze und viel Sonne dazu, vorzeitig in Blüte zu schießen. In diesem Fall schneidet man ihn rechtzeitig zurück.
ERNTE Gleichmäßig verteilt die Blätter pflücken und frisch verwenden, da sich ihre leicht lakritzartige Note rasch verliert.
KÜCHE Kerbel verfeinert, ganz zuletzt zugegeben, Salate und Geflügelgerichte mit Sahnesauce.

WUCHS Aufrecht, dichtlaubig
↕3 m ↔ 3 m

SELLERIE

Apium graveolens

Dem als Gemüse populären Bleichsellerie sind die Samen und Blätter der zweijährigen Wildform in puncto Aroma deutlich voraus.

❄❄❄💧☼

Kultur Man sät im zeitigen Frühjahr unter Glas aus. Nach Ende der Frostgefahr die Sämlinge in einem voll besonnten, flachen Graben in nährstoffreichen Boden setzen. Im Sommer gut wässern. Lassen Sie die Pflanzen blühen, falls Sie an den Samen interessiert sind.
Ernte Man erntet nach Bedarf einzelne Blattstiele oder die ganzen Pflanzen. Die Samen sammelt man, wenn sie sich aus den Blütenständen lösen.
Küche Blätter frisch an Salate und Saucen geben, Samen als Gewürz für Eintöpfe verwenden.

WUCHS Hoch, schlanke Stiele
↕ 60 cm–1 m ↔ 15–30 cm

Die Blätter ähneln denen der verwandten Petersilie.

MEERRETTICH

Armoracia rusticana

Einst als Arzneikraut angesehen, wird die Staude heutzutage aufgrund ihrer kräftig aromatischen Rübe und Blätter angebaut.

❄❄❄☼

Kultur Wegen des Hanges zur Ausbreitung Stecklinge oder Teilstücke in einem Topf in die Erde versenken. Meerrettich fordert mit seinem stattlichen Laub einen bis zu 90 cm breiten Platz, dazu Sonne und sandigen, durchlässigen Lehmboden, den man im Herbst mit Kompost anreichert.
Ernte Nach Bedarf ausgraben, um Wurzelabschnitte abzutrennen. Im Herbst die gesamten Wurzeln ausgraben und einlagern (siehe S. 107).
Küche Meerrettichsahne, bereitet aus der frisch geriebenen Wurzel, ist ein Klassiker zu Rindfleisch oder Räucherfisch.

WUCHS Aufrecht, horstbildend
↕ 30 cm–1,2 m ↔ 60–90 cm

Junge Blätter geben, frisch gepflückt, Salaten eine pikante Würze.

Die meiste Aromakraft steckt in der Wurzel.

ESTRAGON

Artemisia dracunculus

Im Aromavergleich ist der »echte« Französische dem Russischen Estragon weit überlegen.

❄❄❄☼

Kultur Da er keine keimfähigen Samen bildet, wird er aus Wurzelstecklingen vermehrt, die man nach Abklingen der ersten Fröste nimmt (siehe S. 90). Die Jungpflanzen setzt man dann an einen warmen, trockenen, sonnigen Platz. Alte Bestände durch Teilen der Büschel im Frühjahr verjüngen.
Ernte Nach Bedarf Blattstiele pflücken und frisch verwenden. Estragon lässt sich gut einfrieren, verliert beim Trocknen jedoch viel Geschmack.
Küche Die anisartige Note macht sich gut in Omeletts, Salaten, Hühnergerichten und Sahnesaucen und sie veredelt Essig (siehe S. 135).

WUCHS Aufrecht, dicht belaubt
↕ 45 cm–1 m ↔ 30–38 cm

BORRETSCH

Borago officinalis

Die Härchen auf den Blättern stören beim Essen gar nicht.

Überaus attraktiv sind die azurblauen Blüten dieser Einjährigen. Sie duften genauso wie das eher unscheinbare Laub nach Gurken.

❄❄❄☼

Kultur Mitte Frühjahr Aussaat direkt ins Freiland an einem sonnigen Platz mit gut dräniertem, leichtem Boden. Während der Wachstumsperiode feucht halten.
Ernte Den ganzen Sommer über junge Triebe abschneiden. Die Blätter werden frisch verwendet, die Blüten nach Belieben auch tiefgefroren oder getrocknet.
Küche Gehackte Blätter an Joghurt, Sahne und Gurkensalat geben, Blüten in Drinks wie Pimm's, Eiswürfel, Salate oder, kandiert, als Deko auf Kuchen.

WUCHS Aufrecht, verzweigt
↕ 30 cm–1 m ↔ 15–30 cm

SENF

Brassica spp.

Außer würzigem Grün liefert die Einjährige die beliebten Samen. Schwarzer Senf ist der schärfste, Sarepta-Senf der bitterste.

❄❄❄☼

Kultur Aussaat im Herbst (oder nach Ende der Frostperiode im Frühjahr) in mit gut verrottetem Mist oder Kompost aufgebesserten Boden. Jeder Same treibt einen Einzelspross mit vielen Blüten. Damit diese sich gegenseitig stützen, dicht säen.
Ernte Den Sommer hindurch junge Blätter und Blüten pflücken. Kurz bevor die Samen in den Schoten reifen, die Sprosse schneiden und trocknen (siehe S. 116).
Küche Blätter und Blüten an pfannengerührte Gerichte, die Samen zerstoßen für selbst gemachten Senf verwenden oder an Salatdressings oder Saucen geben.

Die jungen Schoten lassen sich gut einlegen.

◀ SAREPTA-SENF

Brassica juncea

Eine warme Pfefferwürze entströmt den Blättern mit ihrem hübschen gewellten Rand. Die Samen sind leicht bitter und weniger intensiv als die von Schwarzem Senf.
WUCHS Aufrecht, horstbildend
↕ 1–1,2 m ↔ 30 cm

Auch die Blüten sind essbar. Sie schmecken leicht nach Senf.

SCHWARZER SENF ▶

Brassica nigra

Sein Anbau lohnt sich, denn er ist schwieriger aufzutreiben als Sarepta-Senf. Die Blätter und Samen bieten ein ebenso intensives wie pikantes Aroma.
WUCHS Aufrecht, horstbildend
↕ 1–1,2 m ↔ 30 cm

BERGMINZE

Calamintha spp.

Noch ist sie nicht sehr bekannt: Doch ein Schattendasein hat diese hübsche Staude mit ihren minzig-pfeffrigen und dabei leicht bitteren Blättern und Blüten wahrlich nicht verdient.

❄❄❄☼◑

KULTUR Aufzucht aus Stecklingen in Töpfen im zeitigen Frühjahr, durch Aussaat in gut dränierten Boden, sobald er sich erwärmt hat, oder durch Teilung im Frühjahr. Saure Böden mit Holzasche verbessern. Vor strengem Frost schützen.
ERNTE Die Blätter schmecken am besten vor der Blüte. Blüten nach Bedarf pflücken.
KÜCHE Zum Aromatisieren von Getränken. Ganz junges Grün fein gehackt unter Salate mischen. Kleinblütige Bergminze (*Calamintha nepeta*) schmeckt sehr intensiv, deshalb sparsam dosieren.

WUCHS Niedrig, buschig
↕45 cm ↔ 50–75 cm

Sämtliche Pflanzenteile besitzen ein köstliches Minzearoma.

RINGELBLUME

Calendula officinalis

Einst war diese Einjährige als »Arme-Leute-Safran« bekannt, da ihre sanft-aromatischen essbaren Blüten auch Färbekraft besitzen.

❄❄❄☼◑

KULTUR Im Herbst unter Glas oder im Frühjahr nach Frostende in gut dränierten Boden in Sonne oder Halbschatten aussäen. Im Spätfrühjahr in Töpfe oder mit Abständen von 30–45 cm in gute Gartenerde umsetzen. Bei mildem Klima überstehen Ringelblumen den Winter im Freien. Die margeritenähnlichen Blüten sprießen auf langen Stielen aus kleinen Blattbüscheln.
ERNTE Junge Blüten regelmäßig pflücken.
KÜCHE Die aromatischen, leicht bitteren Blütenblätter passen in geschmorte Fisch- und Fleischgerichte und machen sich hübsch in Salaten.

WUCHS Buschig, dicht belaubt
↕50–70 cm ↔ 50–70 cm

Regelmäßiges Pflücken der Blüten lässt weitere nachsprießen.

CHILI

Capsicum spp.

Stellvertretend für die Hunderte von Vertretern der Gattung werden hier einige der beliebtesten vorgestellt. In den Tropen mehrjährig, werden sie in gemäßigten Zonen einjährig kultiviert.

KULTUR In Töpfe säen und nach Frostende in nährstoffreichen, besonnten Grund pflanzen. Mit Mulch versehen und diesen regelmäßig benetzen, denn die Tropengewächse mögen feuchte Hitze.
ERNTE Die Form der Früchte reicht von erbsenähnlich über groß und zylindrisch bis lampionartig. In der Jugend grün, reifen sie zu Rot, Gelb, Orange, Schokoladenbraun und weiteren Farben. Beim Ernten samt Stiel mit einer Schere abschneiden.
KÜCHE Das feurige Aroma findet sich geballt in den Samen, die man für eine sanftere Schärfe auch entfernen kann (siehe S. 126). Vielen Speisen geben Chilis frisch oder getrocknet, in Flocken oder gemahlen einen speziellen Kick.

◀ SERRANO

Capsicum annuum

Grüne, später rote Schoten mit beißend scharfen Samen.
WUCHS Buschig
↕ Variabel, meist 60 cm–1,2 m
↔ 50–90 cm
KÜCHE Für Saucen geeignet.

SPANISCHER PFEFFER ▶

Capsicum annuum

Rot, Orange oder Grün und klein, aber sehr »gemein«, sprich höllisch scharf.
WUCHS Buschig
↕ Variabel, meist 60 cm–1,2 m
↔ 50–90 cm
KÜCHE Man gibt die Schoten im Ganzen an Currys.

JALAPEÑO ▶

Capsicum annuum

Eine recht populäre Sorte. Im grünen Stadium von mittlerer Schärfe, schmeckt sie, zu Rot ausgereift, milder und süßer.
WUCHS Buschig
↕ Variabel, meist 60 cm–1,2 m
↔ 50–90 cm
KÜCHE Gern für Pickles und in Würzsaucen verwendet.

SCOTCH BONNET ▶

Capsicum chinense

Ihre Schärfe ist rekordverdächtig. Anfangs gelblich grün, färben sich die Früchte später orangerot.
WUCHS Buschig
↕ Variabel, meist 60 cm–1,2 m
↔ 50–90 cm
KÜCHE Sehr beliebt für karibische Saucen.

Die lampionförmigen Scotch-Bonnet-Schoten garantieren extremen Gaumenkitzel.

KAPERNSTRAUCH

Capparis spinosa

Weil er im Mittelmeerraum heimisch ist, hält man diesen immergrünen Strauch bei uns besser als Kübelpflanze.

❄☼

KULTUR Anzucht aus Samen unter Glas im zeitigen Frühjahr, alternativ Stecklinge nehmen. Erst nach Ende der Frostgefahr ins Freie stellen. Da die Blütenknospen an neu gebildeten Trieben erscheinen, schneidet man die Pflanze im Herbst zurück. Aus Samen gezogene Pflanzen blühen nach 4–5 Jahren.
ERNTE Man pflückt die Blüten, bevor sie sich öffnen, und legt sie in Salz oder Essig ein.
KÜCHE Kapern würzen Saucen von Schmorgerichten und Dressings zu Fisch oder kaltem Fleisch.

WUCHS Buschig
↕ 1 m ↔ 1,5 m

Geöffnet sind die Blüten des Kapernstrauchs eine Augenweide.

KÜMMEL

Carum carvi

Als Gewürz nutzt man die Blätter und Samen der nach Petersilie und Kerbel duftenden Zweijährigen. Die Wurzeln ergeben ein Gemüse.

❄❄❄☼

KULTUR Mitte Frühjahr Aussaat an einem Sonnenplatz im Freiland in gute, durchlässige Erde. Kümmel braucht, einmal eingewöhnt, keinen Dünger, jedoch Schutz vor konkurrierenden Unkräutern.
ERNTE Junge Blätter nach Bedarf ernten. Die Stiele zum Trocknen abschneiden, sobald sich die Samen leicht abschütteln lassen. Zur Ernte der Wurzeln die Pflanzen im Herbst des zweiten Jahres ausgraben.
KÜCHE Junge Blätter würzen Salate und Suppen. Die Samen aromatisieren Brote und Kleingebäck, Kohl, Gerichte mit Käse und geschmortes Fleisch.

WUCHS Aufrecht, buschig
↕ 1 m ↔ 30–40 cm

Das junge Grün schmeckt weniger beißend als die Samen.

KAMILLE

Chamaemelum nobile und *Matricaria recutita*

Bodendeckend kultiviert, bildet die mehrjährige Römische Kamille einen hübschen Rasen, der, wenn man ihn betritt, zart nach Äpfeln duftet. Die Blätter der Echten Kamille dienen als Tee.

❄❄❄☼

Kultur Römische wie Echte Kamille im Frühjahr unter Glas aussäen. Nach Abklingen der Fröste an sonniger Stelle in durchlässigen, sandigen Grund setzen. Für einen Rasen eng pflanzen und regelmäßig schneiden, um dichten Wuchs zu fördern.
Ernte Blätter im Frühjahr und Frühsommer abschneiden und die Blüten im Hochsommer pflücken, wenn sie sich voll entfaltet haben.
Küche Blüten und Blätter (sie sind von milderem Aroma) frisch oder getrocknet als Tee aufbrühen.

▲RÖMISCHE KAMILLE

Chamaemelum nobile

Zu fein gefiedertem, süß duftendem, immergrünem Laub treibt die Staude winzige Körbchenblüten. Diese im ersten Jahr ausknipsen und rings um die Pflanzen oft jäten.
WUCHS Niedrig, teppichbildend
↕ 15–20 cm
↔ Unbegrenzt

Für Tees wird die aufgewölbte Blütenmitte getrocknet.

ECHTE KAMILLE ▶

Matricaria recutita

Sämlinge dieser duftenden Einjährigen vereinzeln, sobald sie 3 echte Blätter aufweisen – später verübeln sie das Umpflanzen. Reiche Selbstaussaat.
WUCHS Aufrecht, verzweigt
↕ 60–75 cm ↔ 60 cm

GÄNSEFUSS

Chenopodium spp.

Nach Anis duftet der Gute Heinrich, ähnlich wie Spinat schmeckt Weißer Gänsefuß. Beide versorgen den Körper mit wertvollem Eisen und Kalzium sowie den Vitaminen B1 und C.

❄❄☼

KULTUR Einfach im Frühjahr in gut dränierten, frisch umgegrabenen Boden säen oder die Bestände teilen. Die Pflanzen lieben pralle Sonne und brauchen in Trockenperioden extra Wassergaben, sind ansonsten aber denkbar anspruchslos.
ERNTE Zarte Triebe schneiden und wie Spargel verwenden. Junge Blätter nach Bedarf pflücken, größere Exemplare im Sommer als Gemüse zubereiten.
KÜCHE Beide Arten als gekochtes Gemüse servieren, junge Blätter roh an Salate geben.

GUTER HEINRICH

Chenopodium bonus-henricus

Die Staude verübelt Umpflanzen. Doch einmal etabliert, muss sie in ihrer Wuchskraft gebändigt werden.
WUCHS Aufrecht, dicht belaubt
↕ 60–90 cm ↔ 30–45 cm
KÜCHE Wegen ihres leicht bitteren, zitronig getönten Geschmacks sollte man die Blätter, ob frisch oder getrocknet, sparsam verwenden. Passt gut zu Hülsenfrüchten.

WEISSER GÄNSEFUSS

Chenopodium album

Die wuchsfreudige Einjährige nimmt, wenn man ihre zahlreichen Sämlinge nicht ausjätet, leicht überhand.
WUCHS Aufrecht, dicht belaubt
↕ 30 cm–1,8 m
↔ 45–60 cm
KÜCHE Die Blätter passen gut in Gerichte aus gemischtem grünem Gemüse und Suppen oder, fein gehackt und sparsam dosiert, in Salate.

Wie ein Abdruck eines Gänsefußes sehen die Blätter aus.

Blätter gründlich waschen, um etwaigen Schmutz zu entfernen.

ZICHORIE

Cichorium intybus

Blätter, Blüten und Sprosse der Vertreter dieser vielfältigen Art kommen in Küchen rund um den Globus zur Verwendung.

❄❄❄☼

Kultur Direktaussaat im Freien um Mitte Frühjahr. Die Zuchtformen bilden große Pfahlwurzeln in humosem, tiefem und durchlässigem Grund. Im Hochsommer mit Kompost mulchen. Den Boden feucht halten, aber nicht durchnässen.
Ernte Blätter ganz jung schneiden, später führen sie einen bitteren Milchsaft. Blüten im Frühsommer pflücken, nach Belieben auch trocknen. Wurzeln den Sommer über oder im Herbst ausgraben.
Küche Junge Blätter und Blüten an Salate geben, zarte Wurzeln gegart mit weißer Sauce servieren.

Grillen oder Braten mildert den bitteren Geschmack.

RADICCHIO ▶

Cichorium intybus

Mitte Sommer einzelne der bitteren, bunten Blätter schneiden, danach die Einjährige in Ruhe feste Köpfe für die Ernte im Herbst bilden lassen.
WUCHS Aufrecht, mit festem Kopf
↕ 15–20 cm ↔ 20–25 cm
KÜCHE Blätter in Salate mischen, ganze Köpfe in Olivenöl braten, grillen oder schmoren.

CHICORÉE ▶

Cichorium intybus

Bleichen mindert die Bitternote in den Blättern dieser Mehrjährigen. Die Pflanzen im Frühwinter eintopfen und dunkel stellen, bis sich nach 4–6 Wochen die als Chicorée bekannten Sprosse zeigen.
WUCHS Aufrecht, kompakter Blattschopf
↕ 60 cm ↔ 30 cm
KÜCHE Blätter mit Walnusskernen und sahnigem Dressing als Salat servieren. Chicorée, mit Zitrone beträufelt, mit Käse und Schinken im Dampf oder im Ofen garen.

▲BLATTZICHORIE

Cichorium intybus 'Roseum'

Für die Ernte im Winter die Einjährige im Frühjahr aussäen. Statt der normalerweise blauen Blüten zeigt 'Roseum' rosa Blüten.
WUCHS Aufrecht
↕ 45–60 cm ↔ 20–25 cm
KÜCHE Das junge, milde Grün ergibt einen guten Salat. Die Wurzeln eignen sich geröstet und gemahlen als Kaffeeersatz.

BALSAMSTRAUCH

Cedronella canariensis

Obwohl mehrjährig, wird die Staude zumeist einjährig gezogen. Ihre Moschusnote macht man sich für Potpourris zunutze, die bitteren Blätter werden als Teekraut verwendet.

❄☼

KULTUR An einem sonnigen Platz unter Glas aussäen. Nach Frostende in Boden mit guter Dränage und dabei gutem Wasserhaltevermögen pflanzen. Braucht einen Winterschutz oder als Kübelpflanze kultivieren.
ERNTE Den besten Geschmack bieten die Blätter vor der Blüte, die spät in der Saison einsetzt. Sie können frisch oder getrocknet aufgebrüht werden.
KÜCHE Die Blätter bereichern Teemischungen.

WUCHS Aufrecht, strauchig
↕ 1,5 m ↔ 1 m

SPEISE-CHRYSANTHEME

Chrysanthemum coronarium (*Glebionis coronaria* var. *coronaria*)

In der asiatischen Küche, insbesondere in China und Japan, kommt den bitteren Blättern und Blüten dieser Einjährigen eine wichtige Rolle zu.

❄❄❄☼

KULTUR Aussaat im Frühjahr an einem vollsonnigen Standort mit feuchtem Grund. Häufig gießen.
ERNTE Den Sommer hindurch hier und da Einzelblätter abnehmen. Blüten gleich bei Erscheinen pflücken und verwerten, einen Teil auch an den Stielen trocknen lassen und vor dem Einlagern zerbröseln.
KÜCHE Blütenblätter in Salate mischen oder die ganzen Blüten 1 Minute blanchieren und mit einer pikanten Sauce servieren. Junge Blätter und Stiele an Wokgerichte, Eintöpfe und Suppen geben.

WUCHS Aufrecht, verzweigt
↕ 90 cm ↔ 40 cm

KORIANDER

Coriandrum sativum

Koriandergrün kann man leicht mit glatter Petersilie verwechseln.

Ein markantes, zitroniges Aroma zeichnet die Blätter dieses einjährigen Krautes aus, die Samen haben dagegen eine warm und holzig getönte leichte Orangennote.

❄❄❄☼

KULTUR In geschützter, sonniger Lage in humosen, feuchten Boden säen. Falls Sie nicht nur an den Blättern interessiert sind, die Blütenstände ausreifen lassen, bis sich die Samen hellbraun färben.
ERNTE Blätter den ganzen Sommer pflücken. Abgetrennte Fruchtstände zur Gewinnung der Samen vollständig trocknen lassen.
KÜCHE Frisch gehacktes Grün in Salaten und kombiniert mit Kokosnuss, Zitrone, Avocado, Fisch und Fleisch verwenden, getrocknete Samen in Currys und orientalischen Gerichten.

WUCHS Aufrecht, buschig
↕ 15–70 cm ↔ 10–30 cm

KREUZKÜMMEL

Cuminum cyminum

Die fragilen Sprosse brauchen im Sommer Unterstützung.

Heute ist das uralte einjährige Kraut weltweit in Kultur. Die intensiv erdig duftenden Samen wollen sparsam verwendet werden.

❄☼

KULTUR In voller Sonne in gute, feuchte Erde säen. Gründliches Gießen unterstützt Samenbildung auch bei Trockenheit. Die feingliedrige Pflanze wird am besten an Maschendraht gezogen.
ERNTE Blätter nach Bedarf ernten. Wenn sich die Pflanze braun färbt und die Samen verdorren, die Stiele abschneiden. Hängend komplett trocknen, herausrieselnde Samen auffangen (siehe S. 116).
KÜCHE Das Grün in Salaten und würzigen Speisen verwenden. Die gemahlenen getrockneten Samen sind mit ihrem herben Aroma unverzichtbar in orientalischen Gerichten. Kreuzkümmel wird oft mit Koriander und Kichererbsen kombiniert.

WUCHS Schlank, aufrecht
↕ 15–30 cm ↔ 8–10 cm

ZITRUSFRÜCHTE

Citrus spp.

Vielen süßen wie herzhaften Speisen geben Schale und Saft dieser Früchte einen mediterranen Touch. Auch in kühlen Gegenden kann man die hier vorgestellten *Citrus*-Arten halten, wenn man sie über Winter ins Haus holt.

KULTUR In Kübeln gezogen, lassen sich die kleinen Bäume oder Sträucher, wenn es Winter wird, einfach an einen hellen Platz im Haus stellen. Kaufen Sie Jungpflanzen mit zwergwüchsiger Unterlage. Neben fruchtbarer, sandiger, gut dränierter Erde und viel Sonne wünschen die Gewächse regelmäßige Gaben von Wasser und einem stickstoffbetonten Flüssigdünger. Nach 4–5 Jahren umtopfen, dabei einen Wurzelschnitt vornehmen.

ERNTE Zitrusfrüchte halten sich gut, wenn man sie an der Pflanze belässt. Einfach nach Bedarf pflücken.

KÜCHE Getrocknete Schalen aromatisieren Eintöpfe, Puddings und süße Saucen. Kandiert machen sie sich gut in Kuchen.

ORANGE ▲

Citrus sinensis

Wie ihre Früchte duften auch die Blüten stark nach Orangen. Manche Sorten sind sehr herb oder gar bitter. Am besten schmecken die kernlosen Navelorangen, erkennbar an dem typischen »Nabel«.

WUCHS Aufrechter Baum

↕ 4,5–6,1 m ↔ 3,6–4,5 m

KÜCHE Blüten für Tees und Aufgüsse verwenden, Schalen und Saft in Eintöpfen, Entengerichten und Puddings.

Schale, Saft und Fruchtfleisch sind gleichermaßen aromatisch. Lecker auch in süßen Speisen.

KUMQUAT ▶

Fortunella japonica

Die kompakte Pflanze bildet kleine, eiförmige, gelbe bis orangefarbene Früchte mit leicht bitterer Note. Besonders köstlich sind die von *Fortunella crassifolia* 'Meiwa'.

WUCHS Mittelgroß, buschiger Strauch

↕ 1,8–4,5 m ↔ 3–3,5 m

KÜCHE Schmoren Sie die Früchte in Tajines und anderen orientalischen Gerichten mit.

LIMETTE ▶

Citrus aurantiifolia

Der kleine Baum trägt im Spätsommer runde, grüne, angenehm saure Früchte. Sehr zu empfehlen auch die Persische Limette *(Citrus × latifolia)*. Die Blätter der Kaffir-Limette *(Citrus hystrix)* sind eine beliebte Zutat der Thai-Küche.

WUCHS Strauch

↕ 3–5 m

↔ 2–3 m

KÜCHE Limetten harmonieren gut mit aromatischen Zutaten wie Ingwer, Koriander, Petersilie, Dill und Bockshornklee. Sie passen in Gerichte mit Huhn, Fisch und Lamm.

Die sehr dünne Schale birgt Fruchtfleisch mit leicht pikanter Säure.

ZITRONE ▶

Citrus limon

Aus weißen, stark duftenden Blüten gehen die gelben, lebhaft sauren Früchte hervor. Eine verlässliche, unkomplizierte und kompakte Sorte ist die ganzjährig blühende 'Meyer Lemon'.

WUCHS Mittelgroßer Strauch

↕ In einem großen Topf 1,2–1,8 m

↔ 1,2–1,5 m

KÜCHE Der Saft peppt Dressings und Desserts auf. Frische oder eingelegte Früchte gart man in Ofengerichten aus Geflügel, Gemüsezubereitungen oder Tajines mit. In Scheiben ergänzen sie Fisch, gegrilltes Fleisch und Geflügel.

Ganze Zitronen in Salz einlegen und in Tajines verwenden.

ZITRONENGRAS

Cymbopogon citratus

Das tropische immergrüne Staudengras enthält dasselbe ätherische Öl wie Zitronenschale. Daher duften die Stängel ähnlich frisch.

Kultur Im Frühjahr unter Glas in Töpfe säen oder die Stauden teilen. Jungpflanzen an sonniger Stelle in gute, feuchte Gartenerde setzen. In gemäßigten Regionen empfiehlt sich die Kultur in einem größeren Topf, den man zu Beginn der kalten Jahreszeit hereinholt.
Ernte Die Blattbasis und den unteren Teil des Sprosses nach Bedarf abschneiden.
Küche Die frischen Blätter und Sprosse verleihen Thai-Currys und anderen südostasiatischen Speisen wie Salaten, Frühlingsrollen und Fischgerichten ein charakteristisches Flair.

WUCHS Horstbildend, rohrartige Stängel
↕ 1,2 m ↔ 1 m

Die unteren Sprossabschnitte lassen sich unzerteilt gut in Beuteln im Kühlschrank aufbewahren oder einfrieren.

MÄDESÜSS

Filipendula ulmaria

Dank ihrer duftenden weißen Blütenrispen hat diese Staude einen Platz im Ziergarten verdient. Blüten und Blätter duften nach Gurken.

Kultur Entweder im Spätwinter unter Glas aussäen und Mitte Frühjahr ins Freie setzen oder etablierte Pflanzen im Herbst teilen. Als Sumpfbewohnerin begrüßt Mädesüß einen stets nassen, neutralen bis leicht alkalischen Boden und Halbschatten. Die Sorte 'Plena' ist mehltauanfällig.
Küche Früher beim Bierbrauen verwendet, sind die frischen Blüten und zerstoßenen Blätter heute als milde Aromazutat in Konfitüren, Eintöpfen und Drinks geschätzt.

WUCHS Horstbildend
↕ 60 cm–1,2 m ↔ 45 cm

Die Blüten pflücken, sobald sie sich öffnen, und nach Belieben trocknen.

RUCOLA

Eruca vesicaria subsp. *sativa*

Rucola ist wohl unbestritten der Star unter den hier beschriebenen drei Arten, die sich allesamt durch ein besonderes Aroma auszeichnen.

❄❄☼◑

KULTUR Anfang Frühjahr in Töpfe oder gleich ins Freie in gut durchlässige Erde säen. Während der Wachstumsperiode reichlich wässern. Vor allem Rucola neigt zum Schossen. Wer keine Selbstaussaat wünscht, sollte ihn im Auge behalten – genau wie die Schnecken, die das Grün lieben.
ERNTE Das Grün ist schon erntereif, bevor die große Hitze einsetzt. Einzelne Blätter pflücken und die übrigen vorerst weiter sprießen lassen.
KÜCHE Ganze Blätter roh an Salate geben. Dabei möglichst junge Exemplare verwenden, da ältere recht bitter schmecken.

◀ **MAUER-DOPPELSAME**
Diplotaxis muralis
Die Art kommt mit jedem guten Gartenboden zurecht. Ihr löwenzahnähnliches Grün duftet bitter und pfeffrig.
WUCHS Aufrecht, blattreich
↕ 30–45 cm
↔ 25–30 cm
KÜCHE Sparsam in Blattsalate, gehackt an Suppen und andere gekochte Gerichte geben. Gut in Kombination mit Kichererbsen.

Die duftenden Blütentrauben sind eine Attraktion in jedem Garten.

NACHTVIOLE ▶
Hesperis matronalis
Genießbar wie die bitteren Blätter sind auch die duftenden Blütenstände dieses zweijährigen Krautes.
WUCHS Aufrecht, blattreich
↕ 60–90 cm
↔ 30–45 cm
KÜCHE Die Blätter und Blüten in Salate mischen. Nur kleine Mengen verwenden.

RUCOLA ▶
Eruca vesicaria subsp. *sativa*
Die Einjährige toleriert diffusen Schatten ebenso wie volle Sonne. Der Boden muss feucht sein.
WUCHS Aufrecht, blattreich
↕ 15–25 cm
↔ 20–30 cm
KÜCHE Junges Grün an Salate geben oder wie Spinat zubereiten.

FENCHEL

Foeniculum vulgare

Im Gegensatz zum Gemüsefenchel wird diese Staude wegen ihrer gefiederten Blätter und Samen kultiviert, die nach Anis schmecken.

❄❄❄☼

KULTUR Sofern er volle Sonne bekommt, gedeiht Fenchel in fast jedem Boden und treibt Jahr für Jahr hohe Triebe, an denen Samen in Hülle und Fülle reifen. Gesät wird im Frühjahr. Dann die Pflanzen, bis sie sich eingewöhnt haben, gut wässern. Im Herbst bis auf 2,5 cm über der Basis zurückschneiden.
ERNTE Belaubte Stängel im Frühsommer schneiden, bevor sie verholzen. Samenstände zum Trocknen ernten, wenn sie gelblich grün sind (siehe S. 116).
KÜCHE Die Blättchen gibt man in Marinaden für Fleisch (Schwein, Huhn, Lamm) oder Dressings, die Samen oder das Grün an Fisch wie Wolfsbarsch und Lachs.

BRONZE-FENCHEL ▶
Foeniculum vulgare
'Purpureum'
Blätter zu Beginn der Saison pflücken, den Neuaustrieb über Sommer reifen lassen. Die Sorte ist weniger wuchskräftig und aromatisch als die Art.
WUCHS Hoch, aufrechte Stiele
↕ 90 cm–1,5 m ↔ 25–30 cm
KÜCHE Samen und Grün aromatisieren Essig, Tee, Brote, Kuchen, Pies und Würste. Gekeimte Samen schmecken gut in Salaten.

◀ FENCHEL
Foeniculum vulgare
Um Kreuzungen auszuschließen, nicht in der Nähe von Dill ziehen. Bestände alle 3–4 Jahre erneuern. Alle Teile der Pflanze schmecken nach Anis.
WUCHS Hoch, aufrechte Stiele
↕ 1,5–1,8 m ↔ Etwa 30 cm

WALDMEISTER

Galium odoratum

Die hübsche Staude schmückt sich mit einer Vielzahl kleiner, weißer Blüten. Wie die Stängel und Blätter duften sie zart nach Vanille.

❄❄❄◐

Kultur Man sät im Frühjahr in gut dränierten Grund in halbschattiger bis schattiger Lage – ideal also als Unterpflanzung von Sträuchern. Nach der Eingewöhnung reiche Selbstaussaat.
Ernte Belaubte Blütenstiele im Frühsommer schneiden und trocknen.
Küche Außer an der klassischen Maibowle ist Waldmeister auch an manchen Cocktails beteiligt. Man kann die Blütchen sparsam über Salate streuen. Junge Blätter ergeben einen Beruhigungstee.

WUCHS Ausläuferbildend
↕ 50 cm ↔ Unbegrenzt

Das typische Aroma verstärkt sich, wenn die Pflanze welkt.

HOPFEN

Humulus lupulus

In der Bierbrauerei spielen die weiblichen Blüten der Staude eine Hauptrolle, doch bereitet man aus ihnen auch Tee. Die Sprosse kann man dämpfen.

❄❄❄☼

Kultur Jungpflanzen in voller Sonne in humose Erde setzen. Regelmäßig gewässert, klettern sie an Spalieren oder Bäumen mit lichter Krone rasant in die Höhe. Um diesen Wuchs zu unterstützen, tiefgründigen Boden mit reichlich Kompost aufbessern.
Ernte Im Frühjahr junge Seitentriebe abnehmen. Die zapfenartigen weiblichen Blüten pflückt man, solange sie frisch und grün sind, die männlichen Blütenrispen nach Bedarf.
Küche Junge Sprosse blanchiert als Gemüse oder auch in Suppen oder Salaten genießen. Männliche Blüten kurz gegart kalt in Salate mischen.

WUCHS Kletternd
↕ 3–6 m ↔ Unbegrenzt

Die männlichen Blütenrispen schmecken bissfest gekocht.

YSOP

Hyssopus officinalis

Ein kräftiges, minziges und leicht bitteres Aroma kennzeichnet die Blätter und Blüten des in milden Regionen immergrünen Krautes.

❄❄❄☼

KULTUR Nach Aussaat im Spätwinter unter Glas im zeitigen Frühjahr in Töpfe vereinzeln. Mitte Frühjahr in sonniger Lage auspflanzen. Ysop erträgt Trockenheit, dennoch sollte man bei Bedarf wässern. Entspitzen fördert buschigen Wuchs.
ERNTE In manchen Gegenden kann man die Blätter ganzjährig ernten. Die Blüten im Sommer schneiden, wenn sie sich ganz entfaltet haben.
KÜCHE Frische Blüten an fruchtige Speisen und Salate, die Blätter an Fleisch- oder Wildgerichte geben. In beiden Fällen wird sparsam dosiert.

WUCHS Zwergstrauch
↕ 45–60 cm ↔ 90 cm

Ysop bietet sich als Wegeinfassung an, denn das Laub verströmt sein Aroma, wenn man es streift.

JASMIN

Jasminum officinale

Der Kletterstrauch wartet mit einem der exotischsten Düfte der Welt auf. Seine Blüten finden auch in der Küche Verwendung.

❄❄☼◑

KULTUR Man setzt Jungpflanzen aus der Gärtnerei vor Mauern, Zäunen oder Spalieren in gut dränierten Grund. Jasmin übersteht Kälte bis zu –1° C. Am schönsten blüht er in humosem Boden, regelmäßig gewässert und voll be--sonnt, doch toleriert er auch etwas Schatten.
ERNTE Zwischen Sommer und Frühherbst die Blüten pflücken, kurz bevor sie sich öffnen.
KÜCHE Außer für Tees eignen sich die frischen Blüten zum Aromatisieren mancher Desserts.

WUCHS Windend
↕ 10 m ↔ Unbegrenzt

Blüten im Knospenstadium pflücken.

WACHOLDER

Juniperus communis

Zu immergrünen nadelförmigen Blättern trägt der Strauch ganzjährig kleine kugelige Früchte.

❄❄❄☼◑

KULTUR Vermehrung aus Samen oder aus Stecklingen im Frühjahr oder Herbst möglich. Geeignet ist jeder gut dränierte Boden. In kalten Regionen in voller Sonne platzieren, in Gegenden mit heißen Sommern eher im Halbschatten. Düngen ist nicht nötig, doch sollte man in trockenen Sommern ab und zu gießen (Staunässe vermeiden!).
ERNTE Die Früchte pflücken, wenn sie im Spätsommer bläulich schwarz schimmern.
KÜCHE In Gin und anderen Spirituosen ist das kiefernartige Aroma von Wacholderbeeren unverzichtbar. Zerstoßen würzen sie Marinaden, geschmortes Fleisch, Füllungen und Kohlgerichte. Sie lassen sich trocknen oder auch einfrieren.

WUCHS Aufrecht, breitwüchsig oder niederliegend
↕ 2–4 m ↔ 2–4 m

Man pflückt die Früchte, wenn sie fast schwarz sind.

LORBEER

Laurus nobilis

In der Antike war der Lorbeerkranz eine Siegestrophäe. Heute sind die immergrünen, herb duftenden Blätter ein beliebtes Küchengewürz.

❄❄☼

KULTUR Am besten Jungpflanzen kaufen. Bei uns hält man den wärmeliebenden Strauch als Kübelpflanze und holt ihn über Winter ins Haus. Braucht gut dränierte Erde und einen vollsonnigen Standort. Sommertrockenheit wird vertragen. Schnitt zur Wuchsbegrenzung möglich.
ERNTE Man kann die dunkelgrünen, ledrigen Blätter zu jeder Jahreszeit pflücken.
KÜCHE Mit Thymian und Petersilie ergibt Lorbeer ein Bouquet garni. Die Blätter würzen geschmortes Fleisch sowie Geflügel- und Fischgerichte. Sie lassen sich einfrieren. Getrocknet verlieren sie nach 3–4 Monaten ihr Aroma.

WUCHS Dicht belaubter Strauch oder Baum
↕ 3–15 m ↔ 10 m

Frische Blätter schmecken kräftiger als getrocknete.

LAVENDEL

Lavandula spp.

Die kampferartige Note dieses Halbstrauchs gilt als Inbegriff von Frische. Am stärksten duften die Blüten, doch auch das Laub dient als Würze.

KULTUR Lavendel, einmal gut eingewöhnt, schwächelt er bei Wassermangel kaum und ist sogar besonders duftstark. Jungpflanzen oder Stecklinge in mageren, sandigen Grund an einen vollsonnigen Standort setzen. Welke Blüten im Spätsommer entfernen und die Pflanzen bis auf einige Zentimeter über dem alten Holz stutzen (siehe S. 96). Nicht in das Holz schneiden, sonst gehen sie ein.
ERNTE Blütenstände und Stängel schneiden, sobald sich die Blüten öffnen. Blätter jederzeit pflücken.
KÜCHE In Maßen verwenden. Die Blüten aromatisieren Süßspeisen, Eiscreme, Zucker, mürbe Kekse und Getränke. Die Blätter bilden in Schmorgerichten und Füllungen eine Alternative zu Rosmarin.

Über dichten Blattbüscheln schweben die Blütenstände.

Den ganzen Sommer über zeigen sich die hübschen, violetten Hochblätter.

Ein durchdringender Duft kennzeichnet das immergrüne Laub.

◀ FRANZÖSISCHER LAVENDEL

Lavandula dentata

❄☼

Bei den kurzen, graugrünen Blättern dieser Art sticht die Kampfernote stärker hervor als beim Echten Lavendel.
WUCHS Aufrechter Halbstrauch
↕ 30–60 cm
↔ 30–45 cm

ECHTER LAVENDEL ▲

Lavandula angustifolia

❄❄❄☼

Er riecht aromatischer, aber zugleich blumiger und milder als seine südlichen Verwandten. Dünger schätzt er ebenso wenig wie zu viel Wasser.
WUCHS Aufrechter Halbstrauch
↕ 30–60 cm
↔ 30–45 cm

LIEBSTÖCKEL

Levisticum officinale

Samen und Grün der Staude sollte man wegen ihres markanten, an Sellerie oder auch Maggi erinnernden Aromas sparsam dosieren.

❄❄❄☼◑

KULTUR Aussaat unter Glas im Spätwinter. Nach Frostende die Jungpflanzen an einem geschützten Platz in gute Gartenerde setzen. In heißen Gegenden angemessen gießen und vor praller Sonne schützen. Pflanzen im Frühjahr oder Herbst teilen.
ERNTE Blätter und Stängel im Sommer ernten. Samenstände, wenn sie braun werden, samt Stielen abschneiden und trocknen (siehe S. 116).
KÜCHE Junge Sprosse kann man roh oder blanchiert als Gemüse genießen. Gehackte Blätter verleihen Salaten, Suppen, Eintöpfen und Brühen eine kräftige, aromatische Sellerienote.

WUCHS Buschig, hoch aufragende Stängel
↕ 60–90 cm ↔ 45 cm

Die Samen beim Kochen wie die von Sellerie verwenden.

ZITRONENMELISSE

Melissa officinalis

Zitrone und eine Spur Minze deuten sich im Aroma dieser Staude an. Die Blüten werden gern von Bienen besucht.

❄❄❄☼◑

KULTUR Die Pflanzen im Herbst oder Frühjahr teilen; alternativ im Frühjahr Aussaat in gute Erde und an einem sonnigen Standort. In heißen Gegenden für etwas Schatten sorgen. Durch Selbstaussaat kann das Kraut zu einer Plage werden.
ERNTE Junge Blätter den ganzen Sommer hindurch pflücken und frisch verwenden – mit zunehmender Reife und beim Trocknen schwindet das Aroma.
KÜCHE Die Blätter verleihen Tees sowie Getränken auf Frucht- oder Weinbasis einen feinen Zitrus-Minze-Hauch. Gehackt kann man sie gut unter Frischkäse mischen.

WUCHS Aufrecht, buschig
↕ 60 cm ↔ 45 cm

Die minzeähnlichen Blätter duften, wenn man sie reibt, zart nach Zitrone.

SCHARLACH-INDIANERNESSEL

Monarda didyma

Auch im Ziergarten kann sich die kulinarisch genutzte Staude absolut sehen lassen.

KULTUR Im Spätwinter unter Glas oder ab zeitigem Frühjahr und bis Sommermitte direkt ins Freiland aussäen. Alternativ Vermehrung aus Stecklingen im Frühsommer. Die Pflanze liebt gute, durchlässige Gartenerde und voll- bis absonnige Lagen. Schadinsekten hält sie durch ihre ätherischen Öle fern. Im zeitigen Frühjahr teilen (siehe S. 91).
ERNTE Am besten pflückt man die Blätter und Blüten während der heißen Hochsommertage.
KÜCHE Frische Blätter als Tee aufbrühen oder an Füllungen für Schweinefleisch und Geflügel geben. Die Blütenblätter über Salate streuen.

WUCHS Aufrecht, buschig
60–90 cm ↔ 45 cm

CURRYBLATT

Murraya koenigii

Der kleine Baum mit dem moschus- und zitrusartig duftenden Laub wächst in den Tropen im Freien, in unseren Breiten nur als Kübelpflanze unter Glas.

KULTUR In tropischem Ambiente Aussaat in humose Gartenerde oder Aufzucht aus halbreifen Stecklingen ab Spätfrühjahr bis Frühsommer. Alternativ an einem sehr warmen, sonnigen Platz unter Glas in Töpfe säen. Großzügig wässern.
ERNTE Außer während einer kurzen Winterpause sind die Blätter fast ganzjährig frisch verfügbar. Sie lassen sich gut einfrieren oder auch trocknen.
KÜCHE Die Blätter würzen vegetarische Currys, Schweinefleisch oder Füllungen für Samosas (Teigtaschen aus Indien und Pakistan).

WUCHS Hoher Strauch oder kleiner Baum
↕ 6 m ↔ 3–5 m

SÜSSDOLDE

Myrrhis odorata

Laub und weiße Blüten der winterharten Staude duften nach Anis. Alle ihre Teile sind essbar.

❄❄❄◑

Kultur Aussaat ins Freie im Herbst oder Vermehrung aus Wurzelschnittlingen im Frühjahr oder Herbst. Da die Pflanze waldtypischen lichten Schatten und humosen Grund liebt, ist ein Schattenplatz im Kräutergarten ideal. In der Sonne vergilbt das Laub im Sommer und zieht ein, bevor es im Herbst erneut sprießt.

Ernte Stängel und Blätter kann man jederzeit abnehmen. Samen für die frische Verwendung grün bzw. zum Trocknen dunkelbraun ernten.

Küche Blätter an gedünstetes Obst, Salate oder Eierspeisen geben. Samen frisch in Eiscreme oder Obstsalaten und getrocknet in Puddings verwenden. Wurzeln raspeln oder als Gemüse garen.

WUCHS Groß, lockerer Aufbau
↕ 1–2 m ↔ 60 cm–1,2 m

Die farnartigen Blätter duften nach Anis.

MYRTE

Myrtus communis

Blätter und Blütenknospen des Strauches verströmen einen aromatischen Duft. Die Samen kann man wie Wacholderbeeren verwenden.

❄☼

Kultur Im Frühjahr krautige bzw. im Sommer halbreife Stecklinge in gut durchlässiger, halbwegs fruchtbarer Erde in Töpfen in sonniger Lage weiter kultivieren. Myrte ist genügsam, auch bei sommerlicher Trockenheit.

Ernte Blätter, Blüten, ob knospig oder geöffnet, und Beeren bei Erscheinen im Sommer ernten.

Küche Die Knospen (ohne die grünen Teile) an Salate geben. Getrocknet und im Mörser zerstoßen verwendet man die leicht harzig und zart nach Orangenblüten duftenden Beeren. Vorsicht: Die Blätter nicht essen – sie sind leicht giftig.

WUCHS Kompakt, kuppelförmig
↕ 1,5–1,8 m ↔ 1,2–1,5 m

MINZE

Mentha spp.

Rund um den Globus sind diese Stauden – allen voran Krause und Grüne Minze – fast omnipräsent. In der Küche sind sie Multitalente.

❄❄❄💧☼

Kultur Man sät im Frühjahr aus, nimmt Wurzelschnittlinge oder teilt die Pflanzen. Minze liebt nährstoffreichen, feuchten Boden und volle Sonne, in heißen Regionen auch lichten Schatten. Da sie sich durch unterirdische Rhizome rasch ausbreitet, ist Topfkultur anzuraten.
Ernte Blätter oder ganze Stängel pflücken, solange sie jung und knackig sind.
Küche Damit sie nicht zu dominant sind, Minzen fein dosieren. Varietäten, die zur Minzenote eine zusätzliche Duftnuance bieten, gibt man, da diese sehr rasch verfliegt, erst in letzter Minute an die Speisen.

Typisch für Minze sind die vierkantigen Stängel.

MAROKKANISCHE MINZE ►

Mentha spicata var. *crispa* 'Marokko'

Sie kreuzt sich bereitwillig mit anderen Minzen und wird folglich am besten fernab von diesen gehalten. Frisches, leicht würziges Aroma.
WUCHS Aufrecht, buschig
↕ 30–45 cm ↔ 60–90 cm
KÜCHE Verwendung in allen Zubereitungen, die nach Minzefrische verlangen, sowie für Tee.

GRÜNE MINZE ►

Mentha spicata

Ihr unverfälschtes Aroma verliert nach der Blüte an Kraft. Rückschnitt auf 15–20 cm Höhe fördert den Neuaustrieb. Die Pflanzen teilen.
WUCHS Aufrecht, ausbreitend
↕ 25–45 cm und mehr
↔ 60–90 cm und mehr
KÜCHE Ganz frische Stiele zusammen mit Estragon zu Grillfleisch reichen.

In guter, feuchter Erde zeigt sie purpurrote Stiele und Blattadern.

◀ SCHOKOLADEN-MINZE

Mentha × piperita citrata 'Chocolate'

Das dunkelgrüne bis purpurne Laub duftet deutlich auch nach Schokolade.

WUCHS Aufrecht, buschig

↕ 30–45 cm ↔ 60–90 cm

KÜCHE Eine ideale Ergänzung für Eiscremes, Schokoladenpudding und Beeren, speziell Himbeeren.

RUNDBLÄTTRIGE MINZE ▶

Mentha suaveolens

Wuchskräftige Art, deren dicht behaarte Blätter leicht nach Äpfeln duften.

WUCHS Ausbreitend

↕ 45–60 cm

↔ 60–90 cm und mehr

KÜCHE Die Apfelminze, wie sie auch heißt, bereichert Apfelessig und Saucen.

EDEL-MINZE ▲

Mentha × gracilis (syn. *M. × gentilis*)

Ein delikates, warmes Aroma zeichnet diese Staude aus.

WUCHS Ausbreitend

↕ 45–60 cm

↔ 60–90 cm und mehr

◀ BLACK MINT

Mentha × piperita var. *piperita* 'Black Peppermint'

Die Varietät bildet tief purpurrote Sprosse und dunkelgrüne, eiförmige Blätter mit kräftigem Minzeduft.

WUCHS Ausbreitend

↕ 45–60 cm

↔ 60–90 cm und mehr

KÜCHE Sparsam in Süßspeisen oder Tees verwenden.

Das fein behaarte Laub duftet stark nach Pfefferminze.

PFEFFERMINZE ▶

Mentha × piperita

Kraftvoll wie ihr Wuchs ist auch das Minzearoma dieser Hybride.

WUCHS Ausbreitend

↕ 60 cm ↔ 90 cm und mehr

KRESSE

Lepidium sp. und *Nasturtium* sp.

Die hier vorgestellten Kressearten zeichnen sich durch köstlich saftige Sprosse und Blätter mit angenehmer pfeffriger Schärfe aus.

Kultur Anfang Frühjahr in Töpfe oder direkt in Gartenerde säen. Beide Arten mögen es sonnig.
Ernte Man pflückt die Blätter nach Bedarf.
Küche Salate profitieren von der pfeffrigen Note beider Kressearten. Gut auch als Garnitur.

GARTENKRESSE ▶

Lepidium sativum

❄☼

Nur 1 Woche benötigen die Samen dieser Einjährigen, um in gewöhnlicher Gartenerde zu keimen, und wenige Wochen später kann man ernten. Die Aussaat erfolgt oft in einem Mix mit Senfsaat.
WUCHS Niedrig
↕ 7,5 cm ↔ Unbegrenzt
KÜCHE Gartenkresse peppt Sandwiches, aber auch verschiedenste Gerichte und Salate auf.

BRUNNENKRESSE ▶

Nasturtium officinale

❄❄❄💧☼

Aussaat in Töpfe oder ins Freie in alkalischen Boden, der stets feucht gehalten wird. Sprosse im Spätfrühjahr/Frühsommer ernten.
WUCHS Niedrig, flach ausbreitend
↕ 20–25 cm ↔ Unbegrenzt
KÜCHE In Suppen und pikanten Tartes oder, im Bratenfond kurz durchgeschwenkt, zum Fleisch.

SHISO

Perilla spp.

Nicht nur in Japan, sondern in weiten Teilen Asiens ist dieses Kraut sehr populär. Das dekorative Laub beider Varietäten erinnert im Duft an Zimt und Nelken.

❄❄☼

Kultur Shiso wird, da nicht winterhart, einjährig kultiviert. Aussaat im Frühjahr in Töpfe unter Glas oder nach Frostende ins Freiland an sonnigen Stellen mit gut dräniertem Grund. Mitte Sommer mit Flüssigdünger versorgen. Vor dem Winter oder bei Frostgefahr Töpfe ins Haus holen.
Ernte Blätter oder Triebspitzen zu jeder Zeit gleichmäßig verteilt pflücken.
Küche Frisch eine aromatische Ergänzung für Nudelsuppen, Frühlingsrollen, Fisch, Reis und Gemüsegerichte.

◀ **GRÜNES SHISO**
Perilla frutescens var. *crispa*
Staunässe mag diese Varietät nicht. Entspitzen fördert den Blattaustrieb. Der Geschmack ist stärker als beim roten Pendant.
WUCHS Aufrecht, buschig
↕ 60–90 cm
↔ 60 cm
KÜCHE In Japan ist Grünes Shiso ein beliebtes Gemüse.

Die roten, gekräuselten Blätter sind sehr dekorativ – im Garten ebenso wie in Gerichten.

ROTES SHISO ▶
Perilla frutescens var. *purpurascens*
Weder im Format noch in der Aromakraft reicht Rotes an Grünes Shiso heran. Dafür sät es sich reichlich selbst aus. Die Samen für das nächste Frühjahr sammeln.
WUCHS Aufrecht, buschig
↕ 60 cm ↔ 30 cm
KÜCHE In Kuchen und Getränken oder auch als Färbemittel für Pickles verwenden.

BASILIKUM

Ocimum spp.

Mit ihrem einmaligen Duftdreiklang aus Zimt, Anis und Minze machen sich diese Einjährigen in vielen Küchen der Welt nahezu unentbehrlich.

KULTUR Ab Frühjahr zur Vorkultur in Töpfe mit gut durchlässiger Erde säen. Später ins Freie pflanzen oder im Topf nach draußen stellen. Basilikum liebt Sonne und entsprechende Feuchtigkeit. Blütenknospen sogleich ausknipsen, sonst wachsen keine Blätter nach und das Aroma schwächt sich ab. Im Hochsommer Flüssigdünger verabreichen.
ERNTE Junge Blattstiele nach Bedarf pflücken.
KÜCHE Mit Tomaten ergänzt sich Basilikum bekanntlich perfekt. Sein Aroma intensiviert sich beim Kochen. Für ein delikateres Ergebnis gibt man es ganz zum Schluss hinzu.

Im Topf auf dem Küchenfensterbret gezogen, hält Basilikum Fliegen fern.

BASILIKUM ▶

Ocimum basilicum

Die großen, leuchtend grünen Blätter betören mit einem eindringlichen Aroma.
WUCHS Aufrecht, buschig
↕ 60–75 cm ↔ 60 cm
KÜCHE Von Pesto über Salate bis zu Tomatensaucen und Suppen reicht das Einsatzspektrum.

GRIECHISCHES BASILIKUM ▶

Ocimum minimum 'Greek'

Extrem kleinblättrig, dennoch sehr aromatisch und dabei unkompliziert.
WUCHS Kompakt, buschig
↕ 15–30 cm
↔ 15–30 cm
KÜCHE Ganze Blätter aromatisieren Salate und Tomatensaucen.

ZITRONEN-BASILIKUM ▶

Ocimum × citriodorum

Blätter und Blüten duften frisch-zitronig.
WUCHS Kompakt, buschig
↕ 45 cm
↔ 30–60 cm
KÜCHE Ideal für Tomatensalate und Fischeintöpfe.

◀ ROTES KRAUSES BASILIKUM

Ocimum basilicum var. *purpurascens* 'Purple Ruffles'
Dem Roten Basilikum recht ähnlich, doch weniger aromatisch. Aus Samen schwer zu vermehren.
WUCHS Aufrecht, buschig
↕ 60–75 cm
↔ 60 cm

Die großen Blätter sind auffällig gekräuselt.

THAI-BASILIKUM ▶

Ocimum basilicum 'Horapha'
In ihm verbinden sich liebliche Anisnoten und pfeffrige Akzente.
WUCHS Kompakt, buschig
↕ 30–45 cm ↔ 30 cm
KÜCHE In der Thai-Küche findet es häufig, aber sparsam in Currys mit Kokossauce und anderen würzigen Speisen Verwendung.

TULSI-BASILIKUM ▲

Ocimum tenuiflorum
In ihrer asiatischen Heimat findet man die würzige, grünblättrige Art in der Umgebung buddhistischer Tempel.
WUCHS Kräftig, aufrecht
↕ 45–60 cm ↔ 60 cm
KÜCHE Unverzichtbar in thailändischen Wokgerichten mit Huhn, Rind- oder Schweinefleisch.

Die Blätter duften, wenn man sie zerdrückt, kräftig nach Zimt.

◀ ZIMT-BASILIKUM

Ocimum basilicum 'Cinnamon'
In dieser mexikanischen Sorte dominiert die Zimtnote.
WUCHS Aufrecht, buschig
↕ 30–60 cm
↔ 45 cm
KÜCHE Zerpflückte Blätter an südamerikanische Gerichte sowie an Süßspeisen geben.

ROTES BASILIKUM ▲

Ocimum basilicum var. *purpurascens*
Den auffälligen, dunkel purpurbraunen Blättern ist ein charakteristisches Nelken- und Minzearoma eigen.
WUCHS Aufrecht, buschig
↕ 60–75 cm ↔ 60 cm
KÜCHE Zum Aromatisieren von Öl und Butter sowie zum Garnieren.

OREGANO UND MAJORAN

Origanum spp.

Diese Kräuter sind unterschiedliche Arten innerhalb derselben Gattung. Beide sind mehrjährig, doch wird Majoran in Gegenden mit kaltem Winter einjährig gezogen.

Kultur Anfang Frühjahr in Töpfe oder um die Frühjahrsmitte an einem sonnigen Platz im Garten aussäen. Vermehrung durch Wurzelschnittlinge ist möglich. Ohne Bodenverbesserung und Düngergaben bilden die Pflanzen mehr ätherische Öle und mithin ein intensiveres Aroma.
Ernte Die Blätter schmecken kurz vor der Blüte am besten, doch kann man sie jederzeit pflücken.
Küche Ihr durchdringendes Aroma gibt mediterranen Gerichten und Zutaten – Pizza, Pasta, Fisch, Fleisch, Bohnen, Tomaten, Auberginen und Zucchini – ein charakteristisches Flair.

OREGANO ▲
Origanum vulgare
❄❄❄☼
Unter der Last der Blüten fallen die Stängel oft um. Nach der Blüte zurückschneiden, um struppigen Wuchs zu vermeiden. Frisch oder tiefgefroren schmeckt das Kraut am intensivsten, aber es lässt sich auch trocknen.
WUCHS Buschig
↕ 60–90 cm ↔ 90 cm–1,2 m

Griechischer Oregano hat dunkelgrünes, fein behaartes Laub.

◀ GRIECHISCHER OREGANO
Origanum vulgare subsp. *hirtum* 'Greek'
❄❄❄☼
Die dunkelgrünen Blätter geben mit ihrem starken, harzigen Duft eine exzellente Küchenwürze ab.
WUCHS Buschig
↕ 60 cm ↔ 60–90 cm
KÜCHE Gut für herzhafte Schmor- und Pastagerichte.

Im Winter bildet das duftende Laub eine hübsche Decke.

◀ FRANZÖSISCHER MAJORAN

Origanum onites

Diese Art duftet weniger lieblich und pikanter als die anderen. Sie braucht bei uns einen Winterschutz. Erst gießen, wenn die Erde abgetrocknet ist.

WUCHS Klein, strauchig

↕ 30–60 cm

↔ 30–60 cm

KÜCHE Fleisch vor dem Braten mit dem Kraut einreiben. Gut in Pastasaucen oder auf Käse, Ei und Gemüsegerichte gestreut.

MAJORAN ▲

Origanum majorana

Die gebogenen Stiele wachsen nicht so hoch wie die von Oregano, der Duft ist eher süßlich und zart. Strohmulch verhindert, dass die Stängel umkippen.

WUCHS Strauchig

↕ 30–60 cm ↔ 30–60 cm

Die runden, flaumigen Blätter besitzen ein mildes Aroma.

DIPTAM-DOST ▶

Origanum dictamnus

Aus kurzen, gebogenen Trieben sprießen wollig behaarte Blätter, die mild duften und schmecken. Besonders attraktiv in Hängekörben oder auf Pfosten. Muss bei uns frostfrei überwintern.

WUCHS Niedrig

↕ 20 cm ↔ 30–60 cm

KÜCHE In seiner Heimat Kreta für Tees verwendet. Gut auch zu gegrilltem Fisch.

DUFTPELARGONIEN

Pelargonium spp.

Zwar werden sie oft als Geranien bezeichnet, doch haben sie mit diesen, botanisch gesehen, nichts zu tun. Manche der verholzenden Halbsträucher liefern essbare Blätter, die mit unterschiedlichen Aromen aufwarten.

KULTUR Jungpflanzen oder bewurzelte Stecklinge (im Herbst nehmen) im Frühjahr nach Ende der Frostperiode in mit Kompost angereicherte Erde setzen. Ideal ist die Topfkultur, damit man die Pflanzen bei Frost ins Haus holen kann. Entfernen welker Blüten fördert frischen Flor.
ERNTE Während der gesamten Wachstumsperiode einzelne Blätter abnehmen.
KÜCHE Die Blätter aromatisieren Konserven, Sirup, Tees, Würzbutter und Sorbets. Sie werden, wie die von Lorbeer, vor dem Servieren entfernt.

Diese Art betört mit dem delikatesten Duft von allen.

ZITRONEN-PELARGONIE ▶

Pelargonium crispum

Wenn man sie reibt, geben die gelappten Blätter Zitrusaromen von sich. Bei Hitze und Trockenheit gut wässern.
WUCHS Aufrecht, buschig
↕ 30–90 cm
↔ 30–90 cm

ORANGENDUFT-PELARGONIE ▶

Pelargonium 'Prince of Orange'

Auch im Vordergrund einer Zierrabatte ist die Pflanze, deren krause Blätter nach Orangen duften, eine Attraktion. Entspitzen regt buschigen Wuchs an.
WUCHS Aufrecht, dichtlaubig
↕ 30–90 cm
↔ 30–90 cm

ROSENPELARGONIE ▲

Pelargonium graveolens

Von allen Pelargonien mit Rosenaroma duftet diese Art mit ihrem handförmig geteilten Laub am betörendsten. Mitte Sommer Flüssigdünger verabreichen.
WUCHS Aufrecht, dichtlaubig
↕ 30–90 cm ↔ 30–90 cm
KÜCHE Eine »dufte« Alternative, um Backformen auszukleiden, und eine gute Ausgangsbasis für einen Rosensirup.

PETERSILIE

Petroselinum spp.

Geballte Aromen und wertvolle Nährstoffe sind in den Blättern dieser Zweijährigen enthalten. Gut für die Topfkultur wie als Beetumrandung.

❄❄☼◑

Kultur Petersilie blüht im zweiten Jahr. Um aber eine fortlaufende Versorgung zu sichern, wird sie jährlich im Frühjahr neu ausgesät. Sie bevorzugt humose, durchlässige Gartenerde und Sonne oder Teilschatten. Mitte Sommer den Grund rings um die Pflanzen mit Kompost anreichern.
Ernte Man schneidet ganze Stängel so maßvoll, dass sich die Pflanzen weiter ernähren können.
Küche Blätter und auch Stiele bereichern eine Vielzahl von Zubereitungen – von Omeletts über Schmorgerichte bis zu Fisch aus dem Ofen. Petersilie lässt sich einfrieren, Trocknen lohnt nicht.

GLATTE PETERSILIE ▼
Petroselinum crispum var. *neapolitanum*
Sie schmeckt intensiver als ihr krauses Pendant. Für eine schnellere Keimung Samen vor der Aussaat 24 Stunden in warmes Wasser legen.
WUCHS Anmutig, buschig
↕ 60–90 cm
↔ 30–60 cm

Geschmacklich zeigen die zarten Blätter große Stärke.

Die Sträußchen sind eine beliebte Garnitur.

▲ KRAUSE PETERSILIE
Petroselinum crispum
Es kann 1 Monat dauern, bis die Samen keimen. Das Aroma ist mild.
WUCHS Niedrig, kuppelförmig
↕ 25–30 cm ↔ 30 cm
KÜCHE Da die ganzen Blätter am Gaumen kratzen können, sollte man sie vor dem Aufstreuen als Garnitur hacken.

ANIS

Pimpinella anisum

Entschieden begehrter noch als die Blätter dieser Einjährigen sind die Samen mit ihrem intensiven lakritzartigen Aroma.

KULTUR Im Frühjahr gleich an den vorbestimmten Platz mit voller Sonne und leichtem, gut dräniertem Boden säen – die Pfahlwurzel widersetzt sich späterem Umpflanzen. Bis zur Samenbildung vergehen etwa 4 Monate, daher sind Regionen mit späten Frösten oder kurzen Sommern ungeeignet. Eher selten, aber dann gründlich wässern.
ERNTE Kurz vor Samenreife die Stängel schneiden und zum Trocknen aufhängen (siehe S. 116).
KÜCHE Gehackte frische Blätter verleihen Salaten und Obst eine süß-würzige Note. Samen an Brote, Currys, geschmorten Fisch und Kuchen geben.

WUCHS Aufrecht, dicht belaubt
↕ 50 cm ↔ 24–45 cm

PORTULAK

Portulaca oleracea

Als Gemüse verdient diese Einjährige ebenso viel Beachtung wie als Salatzutat.

Portulak gilt als eine reiche Quelle von Omega-3-Fettsäuren.

KULTUR Frühjahrsaussaat in voller Sonne und in Boden beliebiger Beschaffenheit. Sobald dieser sich erwärmt, wächst Portulak schnell heran. In heißen Sommern braucht er extra Wassergaben.
ERNTE Ganze Pflanzen jederzeit aus der Erde ziehen, bevor sich die Blüten öffnen.
KÜCHE Fleischige Blätter, Stiele und Knospen schmecken in Salaten ein wenig wie Zuckerschoten. Die Blätter kann man wie Spinat zubereiten oder gehackt an Taboulé geben.

WUCHS Kriechend
↕ 20–45 cm ↔ 45–60 cm

SUMACH

Rhus spp.

Auf Wiesen, in Waldungen und auch auf Brachland begegnet man häufig diesem Strauch, dessen Laub im Herbst eine spektakuläre rote Farbe annimmt. Man erntet entweder die Beeren oder lässt die adstringierenden Samen heranreifen.

KULTUR An einen sonnigen bis halbschattigen Standort mit kargem Boden setzen. Der Boden muss für eine schöne Herbstfärbung jedoch feucht und gut dräniert sein. Bildet reichlich Ausläufer.
ERNTE Im Herbst die roten Beerenrispen schneiden. Einige Samen zur Vermehrung nutzen, den Rest in Papiertüten einlagern.
KÜCHE Die Beeren finden mit ihrem angenehmen, sauren Geschmack ganz oder zerstoßen in arabischen Gerichten Verwendung. Alternativ einweichen und den Saft auspressen. Getrocknete Samen ergeben einen beruhigenden Tee.

Mit dem Rauch der schwelenden Samenstände beschwichtigen Imker ihre Bienen.

ESSIGBAUM ▶

Rhus typhina

❄❄❄☼◐

Die Zweige sind samtig behaart.
WUCHS Aufrecht, buschig
↕ 1,8–2,1 m ↔ 90 cm–1,2 m
KÜCHE Gewaschen, passiert und gesüßt, ergeben die Beeren eine rosa Limonade.

GERBER-SUMACH ▼

Rhus coriaria

❄❄☼

Volle Sonne ist ein Muss, der Boden kann trocken oder feucht sein. Kein anderer Sumach bietet derart köstliche Beeren.
WUCHS Aufrecht, locker verzweigt
↕ 3 m ↔ 1,5–1,8 m
KÜCHE In der arabischen Küche bereitet man aus den herb-sauren Beeren eine Gewürzmischung zu.

SCHWARZE JOHANNISBEERE

Ribes nigrum

Die schwarzen Früchte dieses buschigen, laubabwerfenden Strauches schmecken etwas herb und enthalten viel Vitamin C.

❄❄❄☼

KULTUR Jungpflanzen in sonniger Lage in gute, durchlässige Erde setzen. Im Frühjahr, bevor sie Knospen bilden, einzeln mit reichhaltigem Kompost mulchen.
ERNTE Mitte Sommer die reifen Beeren pflücken.
KÜCHE Perfekt für Eiscremes, sommerliche Puddings, Konfitüren und Gelee, zum Einwecken, für Sirup (siehe S. 175) und Liköre.

WUCHS Buschiger Strauch
↕ 1,2–1,5 m ↔ 1,2–1,5 m

KARTOFFELROSE

Rosa rugosa

Jahr für Jahr bildet sie duftende Blüten, gefolgt von dicken, tomatenroten Früchten (Hagebutten). Die perfekte Rose für den Kräutergarten.

❄❄❄☼

KULTUR Recht schädlings- und krankheitsresistent. Jungpflanzen in voller Sonne vor Zäunen, Mauern oder Spalieren in gute Erde setzen.
ERNTE Blüten nach Bedarf pflücken. Dabei einen Teil zu Hagebutten reifen lassen, die man erntet, wenn sie prall und rot gefärbt sind.
KÜCHE Soeben geöffnete Blüten für Rosenwasser, andere Blüten sowie die Hagebutten für Sirup verwenden. Getrocknete Blütenblätter gemahlen in Gewürzmischungen geben.

WUCHS Kletternd
↕ 1–2 m ↔ 1–2 m

Um Hagebutten zu ernten, die welken Blüten nicht entfernen.

SAUERAMPFER

Rumex spp.

Seine Blätter bereichern Suppen und herzhafte Gerichte um eine markant säuerliche Note. Zwei Arten der Staude werden kulinarisch genutzt.

❄❄❄◐

KULTUR Gesät wird in nährstoffreichen, feuchten Boden im Halbschatten – bei voller Sonne werden die Blätter bitter. Wegen der Neigung zum schnellen Schießen Blütenstiele gleich entfernen.
ERNTE Während der gesamten Wachstumsperiode junge Blätter pflücken. Sie lassen sich einfrieren.
KÜCHE Frische Blätter an Salate, Saucen, Suppen und Fischgerichte geben. Sauerampfer verträgt sich vorzüglich mit Butter und Sahne.

GROSSER SAUERAMPFER ▶
Rumex acetosa
Die verbreitete Art bildet Büschel aromatisch säuerlicher Blätter. Im Herbst kann man die Pflanze teilen.
WUCHS Horstbildende Staude
↕ 60–90 cm
↔ 90 cm–1,2 m

Mit ihrer leichten Schärfe passen die großen Blätter gut in deftigere Gerichte.

Die kleineren, pfeilförmigen Blätter sind schön saftig.

◀ RÖMISCHER AMPFER
Rumex scutatus
Verträgt im Vergleich zum Großen Sauerampfer mehr Sonne und schmeckt milder, eher zitronig.
WUCHS Horstbildend, niedrig
↕ 15–25 cm
↔ 60–90 cm

ROSMARIN

Rosmarinus officinalis spp.

Mal wachsen diese Halbsträucher schlank in die Höhe, mal breiten sie sich kriechend aus. Ihre essbaren Blüten sind blau oder weiß, selten auch rosa. Die nadelförmigen Blätter verströmen einen harzig getönten lieblichen Duft.

KULTUR Vermehrung aus Stecklingen in Töpfen oder direkt im Freiland im Frühjahr. Rosmarin toleriert kargen, trockenen Boden. Bei Staunässe geht er ein. Braucht eventuell Winterschutz.
ERNTE Nach Bedarf äußere Triebe schneiden und die Blüten pflücken.
KÜCHE Ganze Zweige gibt man an mediterrane Schmorgerichte oder verwendet sie als Grillspieße. Die Blätter würzen ganz oder gehackt Fleisch, insbesondere Lamm, Kasserollen, Kartoffeln, Fisch, Reis, Brote, Essig und Öl. Milder im Aroma sind die Blüten, die sich hübsch in Eiswürfeln machen.

ECHTER ROSMARIN ▶
Rosmarinus officinalis
❄❄☼
Ein voller Duft geht von den dunkelgrünen, ledrigen Blättern aus.
WUCHS Aufrecht, buschig
↕ 1,5 m ↔ 1,5 m

Da die Zweige ein starkes Aroma sowie eine holzige Textur haben, entfernt man sie vor dem Servieren.

◀ KRIECHENDER ROSMARIN
Rosmarinus officinalis 'Prostratus'
❄❄☼
Kaskadenartig überziehen die herrlich aromatischen Pflanzen Mauern und Böschungen, eignen sich aufgrund ihrer Wuchsform aber auch vorzüglich für Hängekörbe. Damit sie nicht in der Mitte verkahlen, sollte man sie alle paar Jahre teilen.
WUCHS Niederliegend oder hängend
↕ 25–60 cm
↔ 1,2–2,4 m

ROSMARIN 'MAJORCA PINK' ▶

Rosmarinus officinalis 'Majorca Pink'

Wenn die Sprosse dieser rosa blühenden, fruchtig duftenden Form mit zunehmender Reife umknicken, bilden sie reizvolle Formen. Topfkultur ist ideal, denn so kann man die Pflanzen drinnen überwintern.

WUCHS Aufrecht

↕ 60 cm–1,2 m ↔ Anfang 60 cm–1,2 m ausgewachsen eine 90 cm–1,2 m breite Kuppel

KÜCHE Aromatisieren Sie mit jungen Sprossen Olivenöl, Milch, Sahne und Sirup.

Dichtes Laub sorgt für ein buschiges Gesamtbild.

ROSMARIN 'MISS JESSOPP'S UPRIGHT' ▶

Rosmarinus officinalis 'Miss Jessopp's Upright'

Schlanke Sprosse mit exzellentem Aromapotenzial. Schön im Hintergrund eines sonnigen Kräuterbeets.

WUCHS Aufrecht, buschig

↕ 1,2–1,8 m

↔ 75–90 cm

ROSMARIN 'CORSICAN PROSTRATE' ▶

Rosmarinus officinalis 'Corsican Prostrate'

Mit ihren gebogenen Sprossen breitet sich diese tiefblau blühende Sorte kriechend aus.

WUCHS Gebogene Sprosse

↕ 30–45 cm ↔ Unbegrenzt

KÜCHE Blühende Zweige bilden eine attraktive Garnitur für Lammkeule oder -rücken.

Die blauen Blüten ergeben eine hübsche Garnitur.

◀ **ROSMARIN 'TUSCAN BLUE'**

Rosmarinus officinalis 'Tuscan Blue'

Sehr hohe, schlanke, duftintensive Form, im Lauf der Zeit an der Basis verkahlend. Begrüßt trotz Kälteresistenz in Frostgebieten Isolierung.

WUCHS Straff aufecht

↕ 1,8–2,1 m ↔ 30–60 cm

SALBEI

Salvia spp.

Zumeist besitzen die Mitglieder dieser riesigen Gruppe ausdauernder Kräuter reinen Zierwert. In der Küche nutzt man vornehmlich die hier gezeigten. Verwenden Sie die leicht bitteren Blätter frisch oder getrocknet.

Kultur Als mediterranes Gewächs liebt Salbei warmen, trockenen Boden. Vor dem Säen bzw. Setzen von Jungpflanzen durch Einarbeiten von Sand ins Erdreich die Dränage verbessern. Gießen muss man Salbei nur, wenn der Boden stark austrocknet. Im Sommer Stecklinge nehmen.

Ernte
Nach Bedarf Einzelblätter oder ganze Stängel für Bouquets garnis (siehe S. 128) pflücken.

Küche Wegen ihrer leicht filzigen Oberfläche und des durchdringenden Aromas werden frische Blätter sehr fein gehackt und sparsam dosiert. Man gibt sie gegen Ende der Zubereitung an Risottos sowie Gerichte aus Schweine- oder Kalbfleisch sowie Wild. Getrocknete Blätter eignen sich gut für Füllungen sowie für Geflügel, Fisch, Kartoffeln und Möhren. Die Blüten ergeben sommerliche Tees.

Panaschierter Salbei hat oft ein milderes Aroma.

GELBBUNTER SALBEI ▶

Salvia officinalis 'Icterina'

❄❄☼

Das gold-grüne Laub gewinnt bei Kultur in voller Sonne ein kräftigeres Aroma. In jedem Fall eine effektvolle Garnitur.

WUCHS Aufrecht

↕ 60 cm ↔ 60 cm

HONIGMELONEN-SALBEI ▲

Salvia elegans

Leicht brechende Stiele tragen schmale Blätter. Wenn die Art in guter, feuchter Erde sehr üppig gedeiht, empfiehlt sich eine Stütze. Ratsam ist auch Schutz gegen Frost.

WUCHS Buschig

↕ 90 cm–1,2 m ↔ 30–60 cm

KÜCHE Die scharlachroten Blüten sind eine attraktive Salatzutat.

▲ PURPURSALBEI

Salvia officinalis 'Purpurascens'

Weniger intensiv als Echter Salbei, dafür aber mit einer reizvoll würzigen Extranote.

WUCHS Niedrig

↕ 30–45 cm

↔ 45–60 cm

ECHTER SALBEI ▼

Salvia officinalis

Sehr aromatisch und leicht würzig, ist er unter allen kulinarisch genutzten Salbeiarten unumstritten der Klassiker.

WUCHS Niedrig

↕ 30–45 cm

↔ 60 cm

◀ DREIFARBIGER SALBEI

Salvia officinalis 'Tricolor'

In voller Sonne fällt die zwischen Rosa und Rahmweiß spielende Blattumrandung besonders spektakulär aus. Das Aroma ist mild.

WUCHS Aufrecht

↕ 30–60 cm ↔ 60 cm

HOLUNDER

Sambucus spp.

Die weißen Blüten und die bläulich schwarzen, süß und muskatähnlich schmeckenden Beeren des Strauches werden in der Küche vielfältig genutzt.

❄❄❄◑

KULTUR Im Frühjahr direkt ins Freiland säen, alternativ Jungpflanzen im Halbschatten in gute, feuchte Erde setzen oder im Herbst Vermehrung durch Steckhölzer. Im Herbst mit Laub mulchen.
ERNTE Blütenstände im Frühsommer pflücken und die Blüten von den Stielen streifen. Beeren später in der Saison ernten, wenn sie beinahe schwarz sind. Unreif und generell im Rohzustand sind sie leicht giftig.
KÜCHE Blüten in Drinks, Sirup, Eiercremes, Eiscreme und fruchtig-sahnige Schichtdesserts, etwa mit Stachelbeeren, mischen. Die Beeren ergeben Gelees, Wein und getrocknet Tee.

Roh sind die Beeren leicht giftig.

SCHWARZER HOLUNDER ▼

Sambucus nigra

Dieser Art begegnet man in Europa sehr häufig. Im Garten bietet sie sich als Windschutz oder zur Abschirmung eines Kräuterareals an.
WUCHS Aufrecht, buschig
↕ 4,5–6,1 m
↔ 3–4,5 m

Die Blätter nicht verzehren: Sie wirken abführend.

▲ KANADISCHER HOLUNDER

Sambucus canadensis

Wildwachsend in winterkalten Gegenden im Osten Nordamerikas anzutreffen. Durch Schnitt in Form halten.
WUCHS Buschig, aufrecht
↕ 3–3,6 m ↔ 3–3,6 m

PIMPINELLE

Sanguisorba minor

Eine hübsche Bereicherung für den Kräutergarten. Die gezähnten Blätter schmecken gurkenähnlich – köstlich als Salatzutat.

❄❄❄☼◐

KULTUR Aussaat im Frühjahr in Töpfe oder auch direkt ins Freie in gute Gartenerde und in Lagen mit voller Sonne oder lichtem Schatten. Um neuen Laubwuchs zu fördern, Blütenknospen ausknipsen und Blätter regelmäßig schneiden.
ERNTE Ganzjährig, da die Staude immergrün ist.
KÜCHE Geben Sie die frischen Blätter an gemischte Blattsalate.

WUCHS Rosettenbildend
↕ 30 cm ↔ 45–60 cm

SÜSSBLATT

Stevia rebaudiana

Die Blätter dieses ausdauernden Krautes besitzen die 30- bis 45-fache Süßkraft von Zucker und enthalten dabei so gut wie keine Kalorien.

❄☼

KULTUR Stecklinge im Frühsommer in sauren Boden in voller Sonne setzen. Aussaat im Spätwinter oder zeitigen Frühjahr unter Glas und als Kübelpflanze halten. In der Wachstumsperiode zweimal pro Woche reichlich gießen.
ERNTE Einzelblätter nach Bedarf pflücken.
KÜCHE Man verwendet sie frisch, getrocknet oder gemahlen oder kocht sie zur Gewinnung eines Sirups, um damit Pudding, Früchte und Getränke zu süßen.

WUCHS Aufrecht, buschig
↕ 45 cm ↔ 45 cm

Anfangs zuckrig, haben die Blätter Lakritztöne im Nachgeschmack.

BOHNENKRAUT

Satureja spp.

Indem man Sommer- und auch Winterbohnenkraut anpflanzt, kann man ab Frühjahr und bis in den Winter ernten.

KULTUR Im Frühjahr beide Arten in durchlässige Gartenerde säen oder Winterbohnenkraut aus Stecklingen vermehren. Vor dem Pflanzen Boden mit Kompost anreichern. Winterbohnenkraut erhält in Topfkultur eine Kopfdüngung.
ERNTE Besonders aromatisch sind die Blätter des Sommerbohnenkrauts kurz vor der Blüte. Das Winterbohnenkraut kann ganzjährig geerntet werden.
KÜCHE Die thymianähnlichen Blätter beider Arten schmecken jung und frisch am besten, lassen sich aber auch trocknen. Wohldosiert in Füllungen mit anderen Kräutern sowie in Zubereitungen mit Kalbfleisch und mit Hülsenfrüchten verwenden.

SOMMERBOHNENKRAUT ▲

Satureja hortensis

❄❄☼◐

Im Topf gedeiht die Einjährige gut. Bei Hitze schätzt sie Halbschatten.
WUCHS Locker, aufrecht, überhängende Sprosse
↕ 45 cm ↔ 45 cm
KÜCHE Typisch in Bohnengerichten.

Außer in extremen Frostgebieten ist Winterbohnenkraut ganzjährig verfügbar.

◀ WINTERBOHNENKRAUT

Satureja montana

❄❄❄☼

Die mehrjährige Art liebt volle Sonne. Im Aroma kräftig, markant.
WUCHS Niedrig, buschig
↕ 30–40 cm ↔ Etwa 60 cm

BALSAMKRAUT

Tanacetum balsamita

Seit dem Mittelalter nutzen britische Brauer die Staude zum Aromatisieren von Ale. Beim Kochen tun schon ein paar Blätter ihre Wirkung.

KULTUR Unter Glas aussäen oder die Pflanzen teilen und in sonniger Lage in dränierten, mit Kompost angereicherten Boden setzen. Während des Wachstums ausreichend wässern. Rückschnitt auf 22–30 cm lässt das gekerbte Laub vermehrt sprießen.
ERNTE Ab Sommermitte und bis in den Herbst pflückt man einzelne Blätter.
KÜCHE Frische, junge Blätter an Salate, Suppen, Füllungen und Kuchen geben. Blätter wie Blüten für selbst gebrautes Bier verwenden.

WUCHS Teppichbildend, locker
↕ 90 cm ↔ 45 cm

Wegen ihrer Bitternote die nach Minze duftenden Blätter sparsam verwenden.

LÖWENZAHN

Taraxacum sect. *Ruderalia*

Kinder lieben die »Pusteblumen« – und Gärtner fürchten sie. Dabei eignet sich das junge, zartbittere Frühjahrsgrün vorzüglich für Salate.

KULTUR Sollte Löwenzahn bei Ihnen tatsächlich noch nicht aufgetaucht sein, holen Sie sich Samen von Naturwiesen. Doch nicht zu viele, denn, einmal etabliert, sät sich das Kraut reichlich selbst aus und kleine Wurzelreste in der Erde genügen, um neue Pflanzen sprießen zu lassen.
ERNTE Im zeitigen Frühjahr zarte Blätter im Garten oder in freier Natur an schadstofffreien Stellen schneiden.
KÜCHE Junges Grün bereichert, ebenso wie Blütenblätter, Salate. Größere Blätter und Stiele, die bitterer schmecken, kocht man als Gemüse.

WUCHS Niedrig, rosettenbildend
↕ 30 cm ↔ 45 cm

THYMIAN

Thymus spp.

Von den zierlichen immergrünen Halbsträuchern geht ein erstaunlich intensiver Duft aus. Ihre weißen bis fliederfarbenen Blüten werden von Bienen gern angeflogen.

❄❄❄☼

Kultur Im Frühjahr Aussaat in Töpfe (die Keimung kann bis zu 1 Monat dauern) oder krautige Stecklinge pflanzen. Thymian mag gut dränierten, sandigen Boden und braucht nicht viel Wasser. In sehr heißen Gegenden im Halbschatten platzieren. Man kann die Büschel im Spätfrühjahr teilen.
Ernte Man schneidet Zweige nach Bedarf. Das Schneiden verzögert das Verholzen und lässt frische Triebe sprießen.
Küche Thymian würzt herzhafte Gerichte, Füllungen und Gemüse verschiedenster Art. Auch ergänzt er Bouquets garnis für Zubereitungen mit Geflügel, Schweinefleisch oder Fisch. Die Blättchen halten beim Trocknen gut ihr Aroma.

Kulinarisch interessant: die ausgeprägte Zitrusnote.

▲ KÜMMEL-THYMIAN

Thymus herba-barona

Die dunkelgrünen Blättchen duften eindeutig nach Kümmel.
WUCHS Niedrig, mattenbildend
↕ 5–10 cm ↔ 60 cm
KÜCHE Vorzüglich für Wokgerichte und Fleisch.

◀ ZITRONEN-THYMIAN

Thymus × citriodorus

Sein Zitrusaroma macht diesen Thymian zu einer attraktiven Küchenwürze.
WUCHS Aufrecht
↕ 30 cm ↔ 60 cm
KÜCHE Der perfekte Partner für Huhn und Fisch.

◀ ORANGEN-THYMIAN

Thymus × citriodorus 'Fragrantissimus'

Die Blättchen sind eine Alternative zu Orangenschale, die es wert ist, probiert zu werden.

WUCHS Aufrecht

↕ 30 cm ↔ 20 cm

Eine erstaunliche Aromafülle zeichnet diese buschige, robuste Art aus.

▲ ECHTER THYMIAN

Thymus vulgaris

An einem vollsonnigen Standort entwickelt Echter Thymian optimalen Geschmack. Die meistverwendete Art.

WUCHS Kompakt, buschig

↕ 45 cm ↔ 45 cm

KÜCHE Ideal für Eintöpfe und Schmorgerichte.

▲KOPFIGER THYMIAN

Thymus capitatus

Das ist der im Vorderen Orient am häufigsten verwendete Thymian. Die arabische Bezeichnung für diese Art lautet Za'atar farsi, also Persischer Thymian.

WUCHS Niedrig

↕ 25 cm ↔ 25 cm

In Pflasterritzen gepflanzt, ist der Sandthymian durchaus trittfest.

SAND-THYMIAN ▶

Thymus serpyllum

Ästhetisch betrachtet ein Gewinn für den Garten und trotz des milderen Duftes auch kulinarisch nicht zu verachten.

WUCHS Gedrungen, mattenbildend

↕ 2,5–7,5 cm ↔ 90 cm

BOCKSHORNKLEE

Trigonella foenum-graecum

Von den Griechen einst als Futterpflanze genutzt (der Name bedeutet »griechisches Heu«), wird die Einjährige heute ihrer Samen und bitter-würzigen Blätter wegen kultiviert.

❄❄❄☼

KULTUR Im Spätfrühjahr in voller Sonne in gut durchgewärmte, hochwertige Gartenerde säen. Während des Wachstums angemessen gießen.
ERNTE Blätter im Verlauf der Wachstumsperiode jederzeit pflücken. Samenhülsen bei Reife im Herbst ernten und trocknen.
KÜCHE Die bitteren Blätter kommen in Currys, die Samen als Gewürz ebenfalls in der indischen wie in der arabischen Küche zur Verwendung. Frisch gekeimt bereichern die Samen Salate.

WUCHS Klein, aufrecht
↕ 60 cm ↔ 30–45 cm

Die Blätter erinnern in ihrem Aussehen an Klee.

KAPUZINERKRESSE

Tropaeolum majus

Mit gelb, orange und rot blühenden Trieben klettert die Einjährige an Stützen empor. Laub, Blüten und Samen schmecken pfeffrig.

❄❄❄☼

KULTUR Aussaat im Frühjahr in gute, humose Erde in sonniger Lage. Außer reichlich Platz braucht die Pflanze in heißen Sommern auch viel Wasser.
ERNTE Blätter und Blüten im Sommer pflücken und frisch verwenden. Früchte ernten, kurz bevor die Farbe von Grün zu Braun wechselt.
KÜCHE Blüten und Blätter an Salate, die noch unreifen Samen an Saucen und Dressings geben.

WUCHS Kletternd (auch buschige Formen erhältlich)
↕ 1,8–2,4 m ↔ 30 cm

MÄRZVEILCHEN

Viola odorata

Lange schon werden die lieblich duftenden Blüten dieser Mehrjährigen nicht nur in Parfüms, sondern auch in der Küche verwendet.

Kultur Obwohl in Wäldern und generell in schattigen Lagen zu Hause, tolerieren Märzveilchen in kühlen Regionen auch volle Sonne. An einem geeigneten Platz ausgesät, breiten sie sich freudig aus. Bei Frostende zurückschneiden und Anfang Frühjahr Kompost als Kopfdünger geben.
Ernte Die kleinen, duftenden Blüten pflücken, sobald sie sprießen. Den ganzen Sommer über die mild-aromatischen Blätter nach Bedarf ernten.
Küche Blüten in Salaten, zum Aromatisieren von Getränken, als Färbemittel sowie kandiert als Dessertdekoration, die Blätter in Salaten verwenden.

WUCHS Niedrig, Büschel bildend
↕ 15 cm ↔ 30 cm

Die violetten Blüten machen sich hübsch als Dekoration.

In Maßen sind die Blätter genießbar. Zu viele aber erzeugen Verdauungsprobleme.

INGWER

Zingiber officinale

Unter Glas lässt sich das uralte Tropengewächs auch in gemäßigten Breiten kultivieren.

Kultur Im zeitigen Frühjahr Stecklinge erwerben oder frische Wurzeln kaufen, in 5 cm große Stücke brechen und, nachdem die Enden getrocknet sind, so in nährstoffreiches, feuchtes Topfsubstrat pflanzen, dass sie gerade so aus der Erde ragen. Da Ingwer Feuchtigkeit und Hitze mag, die Töpfe zu Beginn der kalten Jahreszeit einräumen.
Ernte Nach 3 Monaten die Pflanzen ausgraben. Laub entfernen und Rhizome, in feuchtes Küchenpapier gewickelt, bis zu 3 Wochen im Gemüsefach des Kühlschranks lagern oder einfrieren.
Küche Die Rhizome reiben (falls tiefgekühlt, ohne vorheriges Auftauen) und in Wokgerichte, Currys, Plätzchen, Puddings und Tees geben.

WUCHS Aufrecht
↕ 1,5 m ↔ Unbegrenzt

Neben zart duftendem Laub bildet die Staude köstlich würzige Rhizome.

ANBAU

Nachdem Sie Ihre Lieblingskräuter gewählt haben, stellt sich die Frage, wie man sie aussät oder vermehrt, düngt und gießt sowie im Verlauf der Wachstumsperiode gesund und produktiv erhält und wie man aus alten Beständen Nachwuchs gewinnt.

KLIMA

Bei der Wahl von Kräutern, die mit den jeweiligen Standortbedingungen zurechtkommen, helfen Ihnen die Symbole, die sich auch im Kräuterkatalog finden. Sie liefern Hinweise, inwieweit die Pflanzen gegen Kälte und Nässe tolerant sind.

WINTERHARTE KRÄUTER

Das Symbol kennzeichnet Pflanzen, die in Gebieten, in denen die Temperaturen auf bis zu –15° C absinken, im Freien überwintern können oder die sich selbst aussäen. Stellvertretend sind hier fünf solcher Pflanzen gezeigt.

Schnittlauch
Allium schoenoprasum

Römische Kamille
Chamaemelum nobile

Minze
Mentha spp.

Thymian
Thymus spp.

Zitronenmelisse
Melissa officinalis

❄❄ HALBWINTERHARTE KRÄUTER

Wo die Wintertemperatur –5° C nicht unterschreitet, ist das Klima entweder warm und trocken (ähnlich wie im Mittelmeerraum, wo trockene Sommer und nasse Winter vorherrschen) oder aber warm und feucht. In solchen Gebieten gedeihen die meisten winterharten und halbwinterharten Kräuter sowie empfindlichere Mehrjährige, die in kälteren Regionen nur schwer überleben. Sind Temperaturen unterhalb des angegebenen Grenzwerts angekündigt, brauchen einige dieser Pflanzen – Lorbeer, Diptam-Dost und Rosmarin – jedoch unbedingt einen Winterschutz.

Echter Salbei
Salvia officinalis

Rucola
Eruca vesicaria subsp. *sativa*

Diptam-Dost
Origanum dictamnus

Lorbeer
Laurus nobilis

Echter Rosmarin
Rosmarinus officinalis

FROSTEMPFINDLICHE KRÄUTER

Diese Pflanzen bestehen nur dort, wo die Temperatur nicht die Null-Grad-Marke unterschreitet. Frostsenken sind für sie grundsätzlich tabu. Falls Minusgrade zu erwarten sind, die Pflanzen – hierzu gehören die nachfolgend präsentierten Arten – durch eine Mulchschicht oder Folienabdeckung schützen oder aber ins Haus holen und sehr hell stellen.

Curryblatt
Murraya koenigii

Majoran
Origanum majorana

Chili
Capsicum spp.

Duftpelargonien
Pelargonium spp.

Französischer Lavendel
Lavandula dentata

KRÄUTER, DIE FEUCHTEN BODEN TOLERIEREN

Nicht viele Kräuter mögen es, nasse Füße zu bekommen. Einige aber, wie die hier abgebildeten, vertragen konstant feuchte Böden. Sie alle kommen darüber hinaus bestens mit Halbschatten zurecht.

Minze
Mentha spp.

Scharlach-Indianernessel
Monarda didyma

März-veilchen
Viola odorata

Brunnen-kresse
Nasturtium officinale

Mädesüß
Filipendula ulmaria

PLANUNG

Nachdem Sie sich über das in Ihrer Region herrschende Klima informiert haben, wählen Sie den geeigneten Standort. Möchten Sie nur einige Kräuter in Töpfen ziehen oder planen Sie ein Beet? Bedenken Sie, wie viel Sonne die Pflanzen Ihrer Wahl brauchen, und weisen Sie ihnen einen passenden Platz zu.

Oregano *Im Topf gezogen, lässt er sich über Winter einfach an einen geschützten Platz stellen.*

KULTUR IN GEFÄSSEN

Sie bringt meist gute Ergebnisse, zumal man die Töpfe mühelos je nach Bedarf in die Sonne oder umgekehrt an sehr heißen Tagen an einen schattigeren Platz rücken kann. Auch lassen sich so frostanfällige Pflanzen ohne Probleme über Winter ins Haus holen. Allerdings sind Kräuter, die in Gefäßen gedeihen, auf häufiges – im Sommer tägliches – Gießen angewiesen. Vor einer nach Süden weisenden Umzäunung oder Mauer kann man gut auf verschiedenen Ebenen diverse Töpfe platzieren. Ein Blumenkasten beherbergt gleich eine Reihe von Kräutern, auf die man, wenn der Kasten am Küchenfenster steht, beim Kochen bequem Zugriff hat. In jedem Fall sollten Pflanzgefäße großzügig bemessen sein und Ablauflöcher aufweisen. Verwenden Sie für mediterrane Gewächse feine Erde, zu gleichen Teilen mit Vermiculit gemischt, und reine Topferde für sensible Arten wie Kerbel oder Estragon.

WUCHERNDE KRÄUTER

Solche Arten wachsen im Übermaß, wenn man sie nicht in ihre Schranken weist. Einfach geht das in Topfkultur. Für ihre Neigung zum Wuchern bekannt sind:

- Minze *Mentha* spp.
- Scharlach-Indianernessel *Monarda didyma*
- Zitronenmelisse *Melissa officinalis*
- Senf *Brassica* spp.
- Portulak *Portulaca oleracea*
- Liebstöckel *Levisticum officinale*

Gut aufgehoben *An einem geschützten Platz vor einer Südmauer genießen die Pflanzen intensive Besonnung.*

Hübsche Randerscheinung *Schnittlauch und weitere Kräuter komplettieren die Gemüsekulturen.*

BEETE UND RABATTEN

Vielleicht können Ihre Kräuter ja in einem bereits vorhandenen Gemüsegarten oder Zierbeet Aufnahme finden. Platzieren Sie »Sonnenanbeter« dort, wo sie praller Sonne ausgesetzt sind, und Schattenliebhaber am Fuß höherer Gewächse.

Um einen reinen Kräutergarten im naturnahen Stil zu schaffen, reicht schon eine Fläche von 1,5 × 3,5 m. Bei einer solchen Fläche brauchen Sie keinen Weg anzulegen, da man alle Pflanzen von außen gut erreicht. Positionieren Sie dieses Gärtlein möglichst dort, wo man es gut sehen kann. Es könnte auch innerhalb eines größeren Gemüsegartens liegen.

Noch im kleinsten Garten lässt sich eine formale Pflanzung realisieren. So könnte man etwa Wege mit grobem Kies, Klinkern oder Natursteinplatten anlegen und zwischen ihnen Sand-Thymian und Römische Kamille, beide niedrig und mattenbildend, ziehen.

Als Erstes fertigen Sie einen Plan von Ihrem Traumgarten an, in dem Sie die streng geometrischen oder auch sanft geschwungenen Pflanzflächen genau einzeichnen. Spaliere, Bögen, Säulen und Statuen, Wasserspiele und Lauben verleihen der Anlage einen formalen Anstrich. Bei abschüssigem Gelände bilden Terrassen ein reizvolles Element.

RICHTIGE STANDORTWAHL

So anspruchslos und tolerant eine Pflanze auch sein mag, hat sie an manchen Stellen im Garten keine Chance. Große Gehölze etwa beanspruchen in ihrem Wurzelbereich alles Wasser und sämtliche Nährstoffe für sich.

An Schrägen läuft das Wasser rasch ab. Minze, die es feucht mag, wäre dort fehl am Platz, nicht jedoch etwa Trockenheit liebender Lavendel oder Rosmarin. Und ständig staunasse Bereiche sind ein Dorado zum Beispiel für Mädesüß, während die Wurzeln anderer Arten dort einfach faulen würden.

Frostsenken sind für kälteempfindliche Arten tabu: Sie hätten hier nur eine kurze Saison oder würden gleich eingehen.

GUT KOMBINIERT

Kontrast ist das Zauberwort für eine gelungene Pflanzung, ob man nun einen Kräutergarten neu anlegt oder Kräuter in bestehende Gemüse- oder Zierbeete einsetzt.

Pflanzen Sie also feingliedrige Kräuter wie Kerbel oder Koriander neben großblättrigen Meerrettich oder sogar Rhabarber. Spektakulär wirkt etwa Rotes Shiso oder Rotes Basilikum Seite an Seite mit grün oder silbrig belaubten Pflanzen. Setzen Sie hohe, schlanke Arten wie Fenchel neben niedrigbuschige Zitronenmelisse. Für zusätzliche, farbige Akzente sorgen hier und da einjährige Zierpflanzen wie Tagetes, Ranunkeln, Petunien und Zinnien oder markante Stauden wie Perowskien und Fackellilien.

Manche verholzende Kräuter wie Lorbeer und Rosmarin können zu Bäumchen mit einem 60–90 cm hohen Stamm und kugeliger Krone erzogen werden. Ein solcher Hochstamm wird zumeist in einem großen Topf kultiviert. Hübsch sieht es aus, wenn man ihm als Unterpflanzung niedrige Kräuter oder blühende Einjährige zugesellt.

Lorbeerbäumchen
Ein attraktiver Anblick: Ein mit anderen Kräutern unterpflanztes Lorbeer-Hochstämmchen.

BODEN

Für die Topfkultur kann man das Substrat gezielt wählen. Im Garten ist der Boden dagegen vorgegeben und man muss zunächst prüfen, um welchen Typ es sich handelt – Lehm-, Sand- oder Tonboden. Optimal ist Lehm, bestehend aus Ton und Sand. Ton ist feucht-klebrig und wird mit Kompost und Sand aufgelockert. Sandboden hält Wasser und Nährstoffe nur nach Zugabe von Kompost.

BESTIMMUNG DER BODENART

Vor dem Pflanzen im Garten sollten Sie unbedingt diesen einfachen Bodentest durchführen.

1 An 3 Stellen des geplanten Kräutergartens Bodenproben nehmen. Dafür zunächst die Oberfläche sorgfältig von Gras und anderen Pflanzen befreien.

2 Mit dem Spaten so tief wie möglich einstechen und die Erde ausheben. Diesen Schritt an 2 weiteren Stellen der vorgesehenen Fläche wiederholen.

3 Die 3 Proben zusammen in eine Papiertüte geben. Gründlich vermengen, dabei alle Klumpen zerkrümeln und mehr als erbsengroße Steine entfernen.

4 Etwas von der Mischung zusammendrücken und mit dem Finger daraufklopfen: Lehm bricht in Stücke, Sand zerbröselt und Ton (im Foto) klebt zusammen.

RICHTIG KOMPOSTIEREN

Stellen Sie Kompost selbst her. Dafür einfach Grasschnitt, Laub, rohe Gemüseabfälle und abgestorbene (nicht jedoch kranke) Pflanzen in einen Komposter von 1,5 m Kantenlänge und 90 cm Höhe schichten. Unkräuter oder Gräser, die bereits Samen gebildet haben, sind tabu. Stallmist – bis zu einem Sechstel des Gesamtvolumens – bildet einen exzellenten Zusatz.

1 Kompostierbares Material in einem geeigneten Behälter sammeln. Den Haufen feucht halten und in Abständen von 2 Wochen wenden, bis die Rotte einsetzt.

2 Wenn der Kompost eine dunkelbraune Farbe und eine krümelige Struktur aufweist und wie Erde aussieht und auch so duftet, ist er reif.

PH-WERT

Manche Kräuter, etwa Engelwurz, wünschen ein leicht saures, andere wie z. B. Thymian ein eher alkalisches Milieu. Daher ist es sinnvoll, den pH-Wert des Bodens zu prüfen. Von ihm hängt die Verfügbarkeit der Nährstoffe ab. Diese können im leicht sauren Bereich – entsprechend einem Wert von etwa 6,8 – von den Pflanzen aufgenommen werden. Bei einem extrem hohen oder niedrigen Wert ist die Aufnahme hingegen blockiert. Mit einem im Gartencenter erhältlichen Test-Set kann man anhand des beiliegenden Indikatorstreifens den pH-Wert des Bodens mühelos ermitteln.

ANZUCHT AUS SAMEN

Aus Samen selbst gezogene Kräuter sind erstens preiswerter als solche aus einer Gärtnerei und zweitens haben die Sämlinge, wenn sie reif sind zum Auspflanzen, einen gesunden, kräftigen Wurzelballen vorzuweisen. Dennoch vermehrt man bestimmte Kräuter besser auf andere Arten (siehe S. 90–91).

Manche Samen sind so klein, dass das Anritzen besser mit der Kante einer Nagelfeile geschieht.

SAMEN ANRITZEN

Es gibt verschiedene Maßnahmen, die von Fall zu Fall die Keimfähigkeit von Samen fördern. So tut es Samen von Petersilie und manchen anderen Kräutern gut, wenn sie vor ihrer Aussaat in Töpfe oder ins Freiland über Nacht in Wasser eingeweicht werden. In einigen wenigen Fällen, etwa bei Lorbeer und Koriander, muss man die harten Samenschalen mit einem Messer oder grobem Sandpapier anritzen, damit Luft und Feuchtigkeit hineingelangen. Befolgen Sie stets die Packungshinweise zur richtigen Vorbehandlung und Aussaatmethode.

AUSSAAT

Als Gefäße eignen sich Saatschalen, Multitöpfe oder Einzeltöpfe aus Plastik oder Ton. Kräuter mit empfindlichen Wurzeln sät man in Torftöpfe, in denen sie dann auch ausgepflanzt werden.

1 Ein Gefäß mit feiner Erde füllen. Leicht zusammendrücken, wässern und abtropfen lassen. Die Samen in Vertiefungen geben oder aufstreuen.

2 Dünn mit Vermiculit oder weiterer Topferde bedecken. Erneut gießen. Das Gefäß an einen warmen Platz stellen und die Erde niemals austrocknen lassen.

SÄMLINGE UMPFLANZEN

Damit sich die Sämlinge bei ihrer Entwicklung nicht gegenseitig beengen, werden sie umgepflanzt, sobald sie oberhalb der Keimblätter mindestens 4 echte Blätter entwickelt haben. Dies nennt man Pikieren. Die neuen Töpfchen sollten etwa 15 cm groß sein.

ABHÄRTEN

Wenn kein Frostrisiko mehr besteht, beginnt man, die umgepflanzten Sämlinge abzuhärten. Man stellt sie ohne Abdeckung ins Freie, holt sie nachts aber herein. Nach etwa 1 Woche kann man sie auspflanzen bzw. ganz draußen lassen.

1 Den Sämling vorsichtig aus dem Gefäß ziehen – an den echten Blättern, nicht am Stängel fassen! Leichter Druck auf den unteren Topf hilft, ihn zu lösen.

2 In einen Topf voll frischer Erde mit dem Finger ein Loch von der Höhe des Wurzelballens des Pflänzchens drücken. Den Sämling behutsam hineingeben.

3 Der Sämling sollte genauso tief in der Erde sitzen wie in seinem vorherigen Topf. Rings um den Ballen Erde einfüllen und diese andrücken.

4 Die Pflanzen gründlich gießen, etikettieren und an einen warmen, hellen, jedoch nicht vollsonnigen Platz stellen, bis sie ausgepflanzt werden können.

ANZUCHT VON JUNGPFLANZEN

Jungpflanzen zu kaufen liegt vor allem dann nahe, wenn man nur eine Handvoll unterschiedliche Kräuter wünscht und keinen Platz für größere Kulturen von Sämlingen hat oder wenn sich eine bestimmte Art schwer aus Samen ziehen lässt. Gärtnereien haben eine noch reichere Auswahl als Gartencenter.

AUGEN AUF BEIM KRÄUTERKAUF

Kräuter sollten kräftige, robuste Stängel und Blätter aufweisen. Offenbaren sie auf den ersten Blick Probleme wie etwa gelbe Blattadern oder Mehltau, sehen Sie unbedingt vom Kauf ab. Untersuchen sollte man auch die Wurzeln, die gesund und gut ausgebildet sein müssen (siehe unten). Ein absolutes K.-o.-Kriterium sind lebende »Mitbewohner«, also Pflanzenschädlinge.

Die Blätter sollten intensiv gefärbt sein.

Die Erde sollte feucht und unkrautfrei sein.

Die Triebe sollten kräftig sein.

Die Wurzeln müssen gesund und frei von Schädlingen sein.

INSPEKTION DER WURZELN

Manchmal zeigen sich bei einer Pflanze – trotz üppigen Laubs und gesunder Triebe – erst Probleme, wenn man sie austopft. Doch die Wurzeln sind ihre Lebensadern und müssen gesund sein.

GUT Die Pflanze sollte sich leicht aus dem Topf lösen. Der Ballen sollte reich durchwurzelt, aber auch gut mit Erde durchsetzt sein.

SCHLECHT Vor dem Auspflanzen allzu dichtes Wurzelwerk auflockern und ausdünnen. Halten Sie Ausschau nach Larven, die an den Wurzeln fressen.

UMTOPFEN

Wenn Sie Ihre Kräuter in Töpfen ziehen wollen, setzen Sie sie zu Hause gleich in ein Gefäß, das eine Nummer größer als das alte ist. Wird dieses irgendwann zu klein, erneut umtopfen.

1 In das neue Gefäß, das ein Ablaufloch haben muss, eine Handvoll Kies und darüber bis auf halbe Topfhöhe Erde geben. Die Pflanze aus dem alten Topf lösen.

2 Die Pflanze in das neue Gefäß setzen. Rings um den Ballen Topferde einfüllen, zwischendurch immer wieder behutsam andrücken. Zuletzt gründlich gießen.

AUSPFLANZEN

Jungpflanzen aus der Gärtnerei sind meist kräftig genug, um gleich ihren endgültigen Platz im Garten zu beziehen. Man pflanzt sie möglichst bald nach dem Kauf, damit sie zügig einwachsen.

1 Der Boden muss locker und krümelig sein. Daher in die oberen 15–30 cm Kompost einarbeiten. In dem vorbereiteten Grund ein größeres Loch ausheben.

2 Die Pflanze so tief in das Loch einsenken, wie sie auch zuvor in der Erde gesessen hat. Ringsum Erde einfüllen und andrücken. Gründlich gießen.

VERMEHRUNG

Um die Bestände zu vergrößern oder Ersatz für winterliche Verluste zu ziehen, kann man gut eingewachsene Pflanzen auf verschiedene Arten vermehren. Im Kräuterkatalog finden Sie Hinweise zur jeweils besten Methode.

TRIEBSTECKLINGE

Man kann sie in unterschiedlichen Jahreszeiten gewinnen. Im Frühjahr schneidet man krautige Stecklinge von unreifen, im Spätsommer dann halbausgereifte Stecklinge von allmählich verholzenden Trieben und am Ende der Wachstumsperiode schließlich verholzte Stecklinge.

1 Einen gesunden, nicht blühenden Trieb mit voll entwickeltem Laub (hier Rosmarin) gleich über dem Blattansatz schräg abschneiden. Untere Blätter abstreifen.

2 Den Trieb 5 cm unter dem letzten Blatt gerade durchtrennen. Senkrecht in Erde stecken, gut wässern. Als Haube eine transparente Plastiktüte überstülpen.

WURZELSTECKLINGE

Kräuter wie Minze und Mädesüß lassen sich im Spätherbst oder zeitigen Frühjahr aus Abschnitten halbausgereifter oder reifer Wurzeln vermehren. Eine Ausnahme bildet Brunnenkresse: Von ihr kann man ganzjährig Wurzelschnittlinge nehmen.

1 Die Pflanze ausgraben und den Wurzelballen lockern, um Sprosse zu finden, die sich als Stecklinge eignen, d. h. weder faserig noch unreif sind.

2 Von den Sprossen 5 cm lange Stücke schneiden – am oberen Ende quer und am unteren schräg. Senkrecht in die Erde stecken. Mit Vermiculit bedecken.

ABSENKEN

Sprosse verholzender Pflanzen bilden, noch mit der Mutterpflanze verbunden, Wurzeln.

1 In der Ruhephase am Ende eines biegsamen Triebes die Blätter über eine Länge von 10–50 cm abstreifen.

2 Erde mit Kompost und Sand verbessern. Den Mittelabschnitt des Triebes hineindrücken und fixieren.

3 Mit Erde bedecken. Die Spitze muss aus dem Boden ragen. Wässern. Im Herbst abtrennen und eintopfen.

STAUDEN TEILEN

Alle 3–4 Jahre werden ausgewachsene Stauden wie beispielsweise Fenchel geteilt.

1 Mit einer Gabel die ganze Pflanze ausgraben. Die Erde von den Wurzeln abschütteln oder abspülen.

2 Vom äußeren Wurzelballen mit den Händen oder mit einem kräftigen Messer Teilstücke abtrennen.

3 In guter Gartenerde pflanzen und reichlich gießen. Das verholzte Mittelstück wegwerfen.

KNOLLEN TEILEN

Aus den Nebenzwiebeln von Knollenpflanzen wie Knoblauch lässt sich gut Nachwuchs ziehen.

1 Knollen im Herbst, wenn das Laub vergilbt ist, ausgraben und die Nebenzwiebeln abtrennen.

2 In frische, feuchte Erde stecken – die Pflanztiefe entspricht etwa der doppelten Höhe der Zwiebeln.

3 Mit frischer Erde bedecken und reichlich gießen. Auspflanzen, sobald kräftige Triebe sprießen.

GIESSEN UND DÜNGEN

Je nachdem, ob Kräuter im Topf oder im Freiland wachsen, stellen sie verschiedene Kulturansprüche. Auf spezielle Bedürfnisse gehen die Einträge im Kräuterkatalog ein, die hier beschriebenen Maßnahmen halten alle Pflanzen gesund.

KRÄUTER IM BEET GIESSEN

Bei einem gemischten Kräuterensemble kann man auf die Ansprüche der einzelnen Arten nicht gezielt eingehen. Gewöhnlich aber gedeihen die Pflanzen, sofern der Boden feucht und gut durchlässig ist. Dafür arbeitet man reichlich Kompost ein, der das Wasserhaltevermögen verbessert, und gießt großzügig, wenn die oberen 5 cm abgetrocknet sind. Am besten morgens wässern, sodass die Blätter unter der Sonneneinwirkung abtrocknen. Sind Pflanzen dagegen über Nacht Nässe ausgesetzt, erhöht sich das Risiko von Mehltaubefall oder Fäulnis.

Frühmorgens gießen *Das ist die beste Strategie.*

KRÄUTER IM BEET DÜNGEN

Im Freiland können Kräuter ihre Wurzeln aussenden, um die benötigten Nährstoffe zu finden. Düngen erübrigt sich daher weitgehend. Doch tut es den Pflanzen gut, wenn man im Winter 5 cm hoch mit Kompost mulcht, den man dann im Frühjahr in den Grund einarbeitet, um die Nährstoffdepots aufzufüllen. Kräuter, die über die Saison häufig beerntet werden, profitieren dazu von gelegentlichen Düngergaben um die Sommermitte.

Kompost *eignet sich vorzüglich als Mulch.*

Reichern Sie während der Wachstumsperiode das Gießwasser mit Flüssig- oder Granulatdünger an. Beachten Sie die Packungsanweisung.

KRÄUTER IN TOPFKULTUR GIESSEN

In Töpfen gezogene Kräuter muss man häufiger als Freilandkulturen gießen, da ihre Wurzeln ja auf der Suche nach Feuchtigkeit schnell an ihre Grenzen stoßen. In heißen Sommern sollte man sie täglich gießen bzw. die Töpfe mit einem Timer-gesteuerten Tropfbewässerungssystem versehen. Hilfreich ist auch ein Granulat, das Feuchtigkeit speichert und nach Bedarf abgibt.

1 Etwas Topferde auf eine Arbeitsfläche schütten und eine Handvoll von dem Granulat dazugeben.

2 Das Granulat, das Feuchtigkeit speichert und nach Bedarf abgibt, mit den Fingern einarbeiten.

3 Den Topf mit der Mischung zur Hälfte füllen und die Pflanze einsetzen. Mit weiterer Erde auffüllen.

KRÄUTER IM TOPF DÜNGEN

Auch beim Düngen erfordern in Töpfen gezogene Kräuter mehr Aufmerksamkeit als Freilandkulturen. Im Idealfall düngt man Topfkulturen während der gesamten Wachstumsperiode und speziell dann, wenn sie regelmäßig beerntet werden, alle 6 Wochen mit einem Flüssig- oder Granulatdünger.

Man beginnt mit den Düngergaben im Frühjahr, sobald die Pflanzen neu austreiben. Ratsam ist es auch, im Frühjahr die oberen 5 cm Erde durch frisches Substrat zu ersetzen. Ab Spätsommer keinen Dünger mehr geben. Er würde die Pflanzen zu neuem Wachstum anregen. In dieser Zeit sollten sie jedoch ihre Aktivitäten langsam einstellen und sich allmählich auf die Winterruhe einstellen.

In Töpfen gezogene Kräuter werden im Verlauf der Wachstumsperiode alle 6 Wochen gedüngt.

UNKRAUTBEKÄMPFUNG

Unkräuter konkurrieren mit anderen Pflanzen um Wasser, Sonne, Nährstoffe und Platz. Wenn man ihnen keinen Riegel vorschiebt, nehmen sie überhand. Sobald sie sich zeigen, sollte man sie entfernen, und zwar mit der kompletten Wurzel, damit sie nicht nachwachsen.

ERFOLGSSTRATEGIEN

Sobald die Unkräuter im Frühjahr sprießen, beginnt das Auszupfen oder, wenn sie lange Wurzeln haben, das Ausgraben mit einer Handgabel. Dabei sollte man darauf achten, die Wurzeln komplett zu entfernen – besonders wichtig bei mehrjährigen Arten. Unbedingt sollte man Unkräuter entfernen, bevor sie Samen bilden, und auch Neuwuchs gleich wieder entfernen. Um eine große Fläche vor der Neubepflanzung von Unkraut zu befreien, kann man den Boden dämpfen (siehe unten) oder mulchen (siehe S. 95).

Jäten von Hand *So kann man eingewachsene Unkräuter am besten »mit Stumpf und Stiel« ausjäten.*

BODENDÄMPFUNG MIT SONNENWÄRME

Mit dieser umweltschonenden Methode kann man auf kleinen und auch großen Flächen, bevor man sie frisch bepflanzt, Unkräuter, Bakterien und Fadenwürmer (Älchen) effizient abtöten.

Im Frühsommer das betreffende Areal von sämtlichen Pflanzen, Unkräutern und größeren Steinen befreien, danach einebnen. Gründlich wässern, bis der Grund durchtränkt ist, und anschließend mit heller, transparenter Folie abdecken, deren Kanten eingegraben werden, sodass keine Luft entweichen oder eindringen kann. Während der folgenden 6–8 Wochen stauen sich infolge der Sonneneinwirkung unter der Folie Hitze und Wasserdampf. (Schwarze oder farbige Folie würde die Sonneneinstrahlung blockieren.) Nach Ablauf der Zeit die Folie abnehmen und die Kräuter sogleich pflanzen, dabei den Boden möglichst wenig umgraben. Zuletzt die Fläche mulchen.

MULCHMATERIALIEN

Im Frühjahr, wenn der Garten zu neuem Leben erwacht, bringt man eine 15 cm hohe organische Mulchschicht aus. Sie unterdrückt keimende Unkräuter. Allerdings entzieht der Rotteprozess des Materials dem Boden Stickstoff, weshalb man vor dem Mulchen 5 cm hoch Kompost auf dem Erdreich verteilt. Durch den Mulch wachsende Unkräuter konsequent auszupfen.

Dicke Zeitungslagen so über dem Wurzelbereich der Pflanze ausbreiten, dass sie fast bis an die Stängel reichen. Mit Steinen beschweren.

Rindenhäcksel ist ein wertvolles Mulchmaterial, eignet sich aber auch zum Kaschieren weniger attraktiver Mulchdecken, etwa aus Zeitung oder Folie.

Ein ordentliches Gesamtbild ergibt sich, wenn man 15–20 cm hoch unkrautsamenfreien Kompost ausbringt und dann großzügig mit Kies bedeckt.

Heu (unkrautsamenfrei natürlich) sieht als Mulch gut aus. Zudem gibt es, wenn es sich zersetzt, Nährstoffe frei und verbessert die Bodenstruktur.

GUTE ERTRÄGE SICHERN

Damit im Garten Ordnung herrscht und alles schön sprießt, sind zu unterschiedlichen Jahreszeiten einige Pflegemaßnahmen ratsam. Schon leichtes Schneiden und das Entfernen welker Blüten kurbelt die Wuchsfreude der Pflanzen an, sodass man kontinuierlich ernten kann.

DIE WACHSTUMSPERIODE

Im Frühjahr und Sommer legen Pflanzen das rasanteste Wachstum an den Tag. Daher ist es in dieser Zeit nicht damit getan, den Boden feucht zu halten und Unkraut auszuzupfen. Bei Kräutern, deren Blätter in der Küche Verwendung finden, sollte man die Blüten entfernen, sodass ihre ganze Energie in die Bildung belaubter Triebe fließt. Ein- wie Mehrjährige stellen zumeist ihren Wuchs ein, sobald sie Samen bilden. Um dies zu verhindern, werden welke Blüten wie auch Blütenstängel entfernt. Kontrollieren Sie Ihre Kräuter häufiger auf Schädlinge und Krankheiten (siehe S. 98–101). Vergilbende, welke oder kranke Pflanzenteile schneidet man konsequent ab, Pflanzen, die sich übermäßig ausbreiten, werden gestutzt, Kletterer regelmäßig an ihren Stützen aufgebunden.

BLÜTEN ENTFERNEN

Schneiden Sie Blüten, sobald sie sich öffnen. Dies regt die Bildung neuer Blüten an.

Mit einer scharfen, sauberen Gartenschere Lavendel und andere blühende Kräuter nach der Ernte ihrer Blüten sorgfältig zurückschneiden.

ENTSPITZEN

Ausknipsen der Triebspitzen sowie neuer Blütenknospen regt buschigen Wuchs an.

Bei Kräutern, die man nur ihrer Blätter wegen zieht, neu sprießende Blütenknospen sowie Triebspitzen mit Daumen und Zeigefinger ausknipsen.

ALTE TRIEBE KAPPEN

Wenn es im Herbst kälter wird, entfernt man alle absterbenden Triebe. Im späten Frühjahr bringt ein kräftiger Schnitt Halbsträucher wie Lavendel in Form und regt den Neuaustrieb an.

1 Alte, abgestorbene Triebe bis auf die Höhe zurückschneiden, an der die Pflanze, erkennbar an sich bereits andeutenden Knospen, neu austreiben wird.

2 Von den letztjährigen Trieben lässt man 2,5 cm stehen. Frostempfindliche Pflanzen erhalten als Winterschutz eine dicke Mulchdecke.

PFLEGE VON KRÄUTERTÖPFEN

In Topfkultur brauchen Pflanzen, da sie nur aus einer begrenzten Menge Erde Nährstoffe schöpfen können, besondere Pflege. Neben Düngergaben (siehe S. 93) bekommen sie zur Saisonhalbzeit eine Portion frischen Kompost, der das Nährstoffangebot ihres Substrats aufbessert. Während der gesamten Wachstumsperiode werden sie regelmäßig, bei Hitze auch täglich, gewässert. In jedem Frühjahr prüft man, ob sie aus ihren Gefäßen herausgewachsen sind, und topft sie gegebenenfalls um (siehe S. 88–89). Falls etwas gegen Umtopfen spricht, die Pflanzen aus dem Gefäß lösen, verdichtetes Wurzelwerk lockern und leicht stutzen, vom Wurzelballen oben 2,5 cm Erde entfernen und die Pflanzen wieder ins Gefäß setzen. Bis knapp unterhalb des Randes mit frischem Kompost oder guter Topferde auffüllen.

Regelmäßiges Ernten regt Kräuter in Topfkultur zur Bildung neuer Triebe an und beugt andererseits übermäßigem Wuchs vor.

SCHÄDLINGE

Viele Küchenkräuter – insbesondere mediterrane Arten – produzieren ätherische Öle, deren Duft feindliche Insekten fernhalten soll. Damit ist manches Problem im Kräutergarten auf natürliche Art effektvoll gelöst. Vor bestimmten Schädlingen muss der Gärtner dennoch auf der Hut sein.

BLATTMINIERER

Winzige Larven fressen sich durch das Blattgewebe, die gewundenen Gänge zeichnen sich als weiße Spuren klar ab. Befallenes Laub gleich abpflücken und vernichten.

RAUPEN

Hinter abgefressenen Blättern können viele Übeltäter stecken. Die schlimmsten sind Raupen. Man sollte sie mehrmals pro Woche absammeln (Handschuhe tragen, da manche Arten mit ihren Borsten die Haut reizen). Als Verbündete in diesem Kampf kann man durch Anpflanzen etwa von Dill und Waldmeister Raubwespen fördern, die von deren Blüten angelockt werden. Alternativ eine Knoblauchknolle schälen, mit ½ l Wasser im Mixer pürieren, abseihen und betroffene Pflanzen mit dem Saft spritzen.

SCHOCK FÜR SCHNECKEN

Kupferband, nahe dem unteren Rand von Pflanzgefäßen angebracht, versetzt Schnecken, wenn sie darüber kriechen wollen, einen leichten Elektroschock und schreckt sie ab.

Schnecken *Sie sind versessen auf junges Grün.*

NACKT- UND GEHÄUSE-SCHNECKEN

Schnecken machen sich gnadenlos über Sämlinge und junge Triebe her. Zu ihrer Bekämpfung werden verschiedene Strategien empfohlen. Dem ökologischen Repertoire entstammen Bierfallen, also Gefäße, die mit etwas Bier gefüllt und neben besonders wertvollen oder gefährdeten Pflanzen im Boden versenkt werden. Die Schnecken fallen, von dem Geruch angelockt, hinein und ertrinken. Man muss die Gefäße regelmäßig leeren und neu mit Bier füllen. Wer so nachtaktiv ist wie die Schnecken selbst, kann sie, bewaffnet mit einer Taschenlampe, in der Dunkelheit von den Pflanzen absammeln. Wenn man sie sicher loswerden will, sollte man sie nicht einfach über den Zaun werfen, sondern ertränken. Falls Sie nicht selbst Hand anlegen wollen, greifen Sie zu Schneckenkorn. Es gibt Produkte, die für andere Tiere und auch die menschliche Gesundheit unbedenklich sind.

ROSMARINKÄFER

Ihre auffällige bunte Zeichnung macht sie unverwechselbar. Sie richten an den Blättern und Triebspitzen von Lavendel, Rosmarin, Salbei und Thymian erhebliche Fraßschäden an. Absammeln und sofort vernichten.

Rosmarinkäfer *Verheerend für gewisse Kräuter.*

DICKMAULRÜSSLERLARVEN

Vor allem im Frühjahr und Herbst verrichten sie nachts ihr Vernichtungswerk an Wurzeln und an Blättern, in die sie Kerben fressen. Recht gut wirken gegen sie Nematoden, die man in den Boden einschleust.

Nachts *fressen sie an Blättern und Wurzeln.*

BLATTLÄUSE

Wie Schild-, Schmier- und Wollläuse, Weiße Fliegen, Thripse, Schaumzikaden und Rote Spinnen sind sie Pflanzensauger. Sobald man sie entdeckt, sollte man sie mit einem kräftigen Wasserstrahl aus dem Schlauch oder einer Spezialseifenlösung entfernen.

Winzlinge *Sie saugen das Leben aus den Pflanzen.*

LORBEERBLATTFLÖHE

Wenn die Blätter Ihres Lorbeers plötzlich am Rand vergilben, sich verdicken und einrollen, könnten diese Pflanzensauger die Ursache sein. Befallenes Laub entfernen und vernichten, die geflügelten, grünlich braunen Alttiere absammeln.

Larven *des Insekts reifen in den Blattrollen.*

KRANKHEITEN

Die meisten Kräuter sind erstaunlich krankheitsresistent und vielen Problemen kann man durch aufmerksame Hege und Pflege im Vorfeld begegnen. Trotzdem treten gelegentlich Infektionen auf. Bei rechtzeitigem Eingreifen lassen sich jedoch nachhaltige Schäden vermeiden.

VORBEUGUNG

Kräuter sind ohnehin selten von bakteriellen oder Pilzerkrankungen betroffen und Vorbeugemaßnahmen können das Risiko weiter mindern. Wählen Sie resistente Sorten und halten Sie die bewährten Kultur- und Hygienemaßnahmen ein. Düngen ist nicht mehr angebracht, wenn die herbstliche Kühle einsetzt, denn es würde nur schwache Triebe erzeugen. Führen Sie möglichst keine Gartenarbeiten bei Nässe aus, um nicht unnötig Krankheiten zu verbreiten. Aus letztgenanntem Grund sollte man auch beim Zurückschneiden anscheinend gesunder Pflanzen nur mit einer sterilisierten Gartenschere arbeiten. Dafür die Schneiden in eine Lösung aus Bleichmittel mit 90 Prozent Wasser tauchen und mit einem sauberen Tuch trocken wischen. Pflanzen regelmäßig inspizieren und bei ersten Symptomen rasch reagieren. Abgefallene Blätter und infizierte Pflanzenteile gleich entfernen und im Müll entsorgen – keinesfalls auf dem Kompost!

BAKTERIEN

Mitunter dringen Bakterien über Wunden in Pflanzen ein. In diesem Fall kann man zu einem handelsüblichen Spray greifen oder eine biologische Methode nutzen: Ein Dutzend Knoblauchzehen in ½ l Wasser pürieren, das Ganze abseihen und die Pflanzen mit dem Saft besprühen. Zeigt sich nicht binnen Tagen eine Besserung, die infizierten Teile abschneiden und vernichten. Die Schere vor der erneuten Verwendung sterilisieren.

Sauberes Werkzeug *Sterilisieren verhindert die Ausbreitung von Krankheiten im Kräutergarten.*

Biologisch gärtnern *Mit einem hausgemachten Spray kann man Bakterien bekämpfen.*

PILZE

Minze ist anfällig für Rost und bei feuchter Wärme treten gern Falscher sowie Echter Mehltau auf. Ansonsten sind Pilzinfektionen bei Kräutern eher selten und man kann sie auf biologischem Wege bekämpfen. Da Pilze ein leicht saures Milieu lieben, wirkt ein Besprühen der Blätter mit einer alkalischen Lösung vorbeugend. Spritzen Sie mit elementarem Schwefel oder Bordeauxbrühe oder bereiten Sie aus 1 gehäuften EL Natron, 1 EL öligem Winterspritzmittel (erhältlich in Gartencentern) sowie ½ TL Spülmittel, gelöst in 4 l lauwarmem Wasser, selbst ein Präparat. Behandelt werden können damit Jungpflanzen oder auch Sämlinge, sobald sie 4 echte Blätter gebildet haben. Nach Regen wird erneut gesprüht. Die angegebene Natrondosis nicht überschreiten, sonst verlieren die Pflanzen ihr Laub.

Echter Mehltau *Mehlig weißer Blattbelag.*

VIREN

Verbreitet ist das Mosaikvirus, erkennbar an weißlichen oder gelben Blattsprenkeln. Oft äußert sich ein Virenbefall auch in gekräuseltem Laub oder hellgelben Ringen auf den Blättern. Die unterschiedlichen Symptome erschweren die Diagnose von Viruserkrankungen. Sie bewirken keine ernsten Schäden, doch ist ein Entfernen und Vernichten befallener Pflanzen anzuraten.

Eingerolltes Laub *Auslöser könnte ein Virus sein, übertragen durch Pflanzensauger oder Werkzeuge.*

Rost *Auf den Blattunterseiten zeigen sich unansehnliche braune Sporenpusteln.*

ERNTEN UND AUFBEWAHREN

Befolgt man ein paar Grundregeln, kann man monatelang Kräuter ernten. Blätter und Blüten, die man nicht gleich nach dem Pflücken verbraucht, lassen sich genau wie Samen und Wurzeln für Zeiten haltbar machen, in denen sie frisch nicht verfügbar sind.

RICHTIG ERNTEN

Kräuter haben kulinarisch viel zu bieten. Neben den Blättern kann man Stiele, Blüten, Samen, Beeren und sogar die Wurzeln verwenden. Am Ende der Saison erntet und trocknet man die ganze Pflanze als Wintervorrat.

WAS MAN WIE PFLÜCKT

Je nachdem, wie man Kräuter verwenden will, variieren die Erntemethoden und -zeiten.
Blätter und Stängel kann man für den Sofortverbrauch in der gesamten Wachstumsperiode und, bei immergrünen Arten, sogar im Winter schneiden.
Dagegen erntet man sie zum Trocknen oder Einfrieren im Frühsommer, kurz bevor sich die Blüten öffnen, denn dann bieten Kräuter den intensivsten Geschmack.
Da sie ihre ätherischen Öle nachts produzieren, um sie in der heißen Mittagssonne zu verströmen, wird am besten frühmorgens geerntet. Die ab Frühjahr den Sommer über sprießenden Blüten werden nach Bedarf gepflückt – maßvoll allerdings, sofern man im Herbst die Samen für die Küche oder auch die Aussaat im Folgejahr ernten und trocknen will.

Immer wieder frisch
Oft, aber in Maßen zu pflücken regt den Neuaustrieb an.

Dos

- Triebe und Blätter frühmorgens schneiden, bevor die Kräuter der prallen Sonne ausgesetzt sind.
- Zum Ernten verwendete Messer oder Scheren sollten stets gut geschärft und sauber sein.
- Pflanzen gleichmäßig verteilt beernten, damit keine offensichtlichen »Kahlstellen« entstehen.
- Nach intensiverer Ernte Flüssigdünger geben.

Don'ts

- Schneiden Sie nicht in alte, verholzte Triebe, denn sie treiben eventuell nicht mehr aus.
- Schadhafte oder verblasste Blätter und Blüten nicht verwenden, sondern entsorgen.
- Im Spätsommer keine welken Blüten mehr entfernen, wenn Sie im Herbst Samen ernten wollen.
- Blätter nicht kräftig rubbeln, nur sanft abbrausen.

BLÄTTER

Sie sind der Teil der Kräuter, die am meisten verwendet werden. Man pflückt sie gleichmäßig verteilt, damit an der Pflanze keine hässlichen Löcher entstehen.

Bei Salbei schneidet man mit einer Schere die zarten Blätter samt Stielen an den Triebspitzen oder zwickt sie mit den Fingern ab.

STÄNGEL

Eigentlich meint man damit belaubte Triebe, bei Schnittlauch zum Beispiel jedoch die Blätter selbst. Schnittlauch komplett abzuernten erschöpft und schädigt die Zwiebeln.

Schnittlauch *Man schneidet hier und da einzelne Stängel.*

TRIEBE

Die Triebe, aus denen die Blätter und Blüten sprießen, sind die Hauptachsen der Pflanzen. Bei Büschel bildenden Arten die Triebe 2,5 cm über dem Boden kappen, sodass sie nachwachsen können.

Rosmarin *Ganze Triebe oder Zweige abnehmen und die Blätter abstreifen (siehe S. 122).*

Balance *Erntet man einzelne Triebe, bleibt die Form erhalten, wie hier beim Lavendel.*

BLÜTEN

Blütenstände wie die von Lavendel und Mädesüß mit einer Schere, die großen Blüten von Ringelblumen und Co. von Hand ernten.

Einzelblüten von Arten wie Kapuzinerkresse knipst man mithilfe von Daumen und Zeigefinger mit möglichst kurzem Stielansatz ab.

SAMEN

Samen von Anis, Fenchel, Kümmel und Koriander herausschütteln oder Samenstände abschneiden und trocknen (siehe S. 116).

Unter der Pflanze, deren Samen man ernten möchte, eine Plane ausbreiten und die Samenstände schütteln. Was die Hand nicht auffängt, sammelt sich auf der Plane.

BEEREN

Ob sie reif sind, erkennt man in den meisten Fällen daran, dass sie sich leicht abzupfen lassen. Schwarze Johannisbeeren und Holunderbeeren streift man behutsam von den Stielen oder man schneidet zunächst ganze Fruchtstände und löst die Beeren erst in der Küche ab.

Um reife Schwarze Johannisbeeren zu ernten, die Stiele oben mit zwei Fingern umfassen und die Früchte mit 2 Fingern abstreifen und mit der anderen Hand auffangen.

WURZELN

Für die Ernte während der Wachstumsperiode die Wurzeln von Pflanzen wie Ingwer und Meerrettich ausgraben und Teilstücke mit einer Gartenschere oder einem Spaten abtrennen. Danach die Pflanze wieder einsetzen. Wenn Sie die gesamte Pflanze im Herbst zur Einlagerung ausgraben, die Erde abwaschen, die Triebe entfernen und die Wurzeln unzerteilt abtrocknen lassen. Danach in flachen Kisten auf Sand betten und mit weiterem Sand bedecken. Kühl und dunkel, etwa in einer Garage, lagern.

Meerrettich mit einer Pflanzkelle ausgraben. Dabei behutsam vorgehen, damit die Wurzeln keinen Schaden nehmen.

GANZE PFLANZEN

Wenn Sie mehr als einen Abschnitt einer Pflanze brauchen oder am Ende der Saison alle Triebe schneiden, um sie aufzubewahren, nehmen Sie bei Büschel bildenden Kräutern wie Liebstöckel, Engelwurz, Fenchel, Lavendel, Zitronengras und Pimpinelle einzelne Blatt- oder Blütentriebe ab. Während der Wachstumsperiode die Pflanzen höchstens halb abernten, damit sie sich regenerieren können. Wenn Sie auch an den Wurzeln interessiert sind, die Pflanzen im Ganzen ausgraben und in einzelne Teile zerlegen.

Ganze Triebe mit einer Gartenschere etwa 5 cm über dem Boden abschneiden.

KURZ AUFBEWAHREN

Frisch geerntet besitzen Kräuter den intensivsten Geschmack. Nur ist es nicht immer möglich, sie genau dann, wenn man sie für ein Gericht braucht, schnell zu pflücken. Aber es gibt doch Möglichkeiten, Kräuter für einige Stunden und länger »pflückfrisch« zu halten, indem man sie in ein Gefäß mit Wasser stellt. Im Kühlschrank halten sie sich sogar ein paar Tage.

Schnittblumen-Prinzip *Einfach in ein Gefäß mit frischem, kalten Wasser gestellt, halten sich zarte Kräuter wie Estragon, Petersilie, Kerbel, Minze, Oregano oder Koriander einige Tage.*

GEHACKTE KRÄUTER IM KÜHLSCHRANK AUFBEWAHREN

Kräuter im Voraus zu schneiden erspart Stress in letzter Minute. Besonders zu empfehlen, wenn man für ein Menü reichlich frische Kräuter braucht oder wenn man für viele Gäste kocht.

1 Die Kräuter abbrausen, abtropfen lassen und trocken tupfen. Fein hacken (siehe S. 123) und in Förmchen oder andere Gefäße füllen.

2 Mit feuchtem Küchenpapier abgedeckt halten sie sich bis zu 3 Tage im Kühlschrank. Länger bleiben sie frisch, wenn man sie zusätzlich mit Frischhaltefolie abdeckt.

AUFBEWAHRUNG GANZER KRÄUTER IM KÜHLSCHRANK

Viele Arten wie Basilikum, glatte Petersilie, Schnittlauch oder Estragon halten sich im Kühlschrank unzerteilt, nur abgespült und mit Küchenpapier oder einem Tuch trocken getupft.

1 Ein Stück Küchenpapier nass machen, behutsam ausdrücken und flach ausbreiten. Das feuchte Papier verhindert, dass die Kräuter austrocknen.

2 Das Papier falten und locker um die Stielenden wickeln oder auch die gesamten Stängel in das Papier einschlagen.

3 Die Kräuter in einen Gefrierbeutel geben und einen Teil der Luft herausstreichen. Verschlossen sind sie so bis zu 1 Woche im Kühlschrank haltbar.

Im Glas *Man kann auch feuchtes Küchenpapier zusammenknüllen und mit den Kräutern in ein Schraubglas geben. Gut verschließen und kühlen.*

EINFRIEREN

Die meisten Kräuter bewahren durch Einfrieren ihr Aroma vorzüglich, erleiden aber optisch Einbußen. Gefroren lassen sie sich gut in Dressings, Saucen, Füllungen und Belägen, in Suppen sowie in geschmorten Gerichten, etwa auch Braten, verarbeiten. Man kann sie in Öl oder Wasser einfrieren.

Blüten in Eiswürfeln *In einer Eiswürfelschale in Wasser eingefroren, machen sich essbare Blüten von Kräutern wie Borretsch hübsch in Drinks, aromatisieren aber auch Sirup, Cremes und Gelees.*

IN ÖL EINGEFRORENE KRÄUTERMISCHUNGEN

Manche Kräuter lassen sich einzeln, aber auch kombiniert und ergänzt durch Knoblauch, gut in etwas Olivenöl einfrieren. Zu empfehlen: Basilikum und Knoblauch; Knoblauch, geriebener Ingwer und Thai-Basilikum; Petersilie, Thymian, Oregano und Knoblauch; Salbei und Fenchel.

1 Kräuter grob im Mixer hacken. Bei laufendem Gerät so viel Olivenöl untermixen, dass alle Stückchen fein überzogen sind (etwa 1 EL Öl auf 3 EL Kräuter).

2 Die Mischung in ganz kleine Gefrierbeutel füllen. Fest verschließen, etikettieren und einfrieren. So halten sich die Kräuter in Öl bis zu 4 Monate.

KRÄUTER IN EISWÜRFELN

Kräuter wie Schnittlauch, Petersilie, Estragon, Dill, Kerbel und Koriander, ja selbst Winterzwiebeln kann man gehackt gut einfrieren. Beim Kochen einfach so in heiße Speisen geben.

Die Fächer einer Eiswürfelschale bis zum Rand mit gehackten Kräutern, nach Belieben auch gemischt, füllen. Knapp mit Wasser bedecken und in etwa 2 Stunden fest gefrieren lassen. In verschlossenen, etikettierten Gefrierbeuteln für bis zu 6 Monate auf Eis legen. Nach Bedarf portionsweise entnehmen.

GEFRORENE KNOBLAUCHROLLE

Knoblauch lässt sich, auch mit Kräutern gemischt, ohne Wasser oder Öl zu einer Rolle verarbeiten und einfrieren, von der man die gewünschte Menge einfach abschneidet.

1 Die Zehen von 2–3 sehr frischen Knoblauchknollen schälen und halbieren. Die Hälften mit der Spitze eines kleinen Messers vom Keim befreien.

2 Mit dem Handballen auf die flache Klinge eines schweren Kochmessers kräftig drücken und die Knoblauchzehen zerquetschen.

3 Die Knoblauchstücke so auf ein Stück Frischhaltefolie geben, dass an allen 4 Seiten ein breiter Rand frei bleibt.

4 Die Folie längs über den Knoblauch schlagen und das Ganze zu einer Wurst aufrollen. Folienenden zusammendrehen und die Rolle ins Gefrierfach geben.

5 Von der Rolle die jeweils benötigte Knoblauchmenge fein herunterschneiden oder -hobeln. Erneut verschließen und einfrieren. Bis zu 4 Monate haltbar.

TROCKNEN

Bestens lassen sich Kräuter mit verholzten Trieben und derberen Blättern wie Lorbeer, Thymian und Rosmarin trocknen. Dagegen verändern Arten wie Minze und Salbei beim Trocknen ihr Aroma erheblich. In beiden Fällen ist jedoch von den ätherischen Ölen nach 6 Monaten meist nur noch wenig übrig.

FLACH AUSGEBREITET TROCKNEN

Von Kräutern wie Thymian, Rosmarin, Majoran, Oregano, Fenchel, Dill, Lorbeer oder Salbei kann man einzelne Blätter oder Zweiglein auf einem über einen Rahmen gespannten Stück Gaze trocknen. Man wählt dafür einen trockenen, luftigen, nicht direkt besonnten Ort. Es dauert mindestens 2 Wochen, bis die Kräuter etwas verblasst sind und sich leicht bröseln lassen.

1 Von den Kräuterstängeln Blätter oder Zweige zupfen. Mit einigem Abstand zueinander auf der Gaze ausbreiten und mindestens 2 Wochen trocknen lassen.

2 Getrocknete Kräuter locker in Gläser mit fest sitzendem Deckel füllen. Verschließen und, geschützt vor direktem Sonnenlicht, lagern. 4–6 Monate haltbar.

HÄNGEND TROCKNEN

Ringsum gut belüftet, sind die Pflanzenteile nach gut 2 Wochen leicht verblasst und etwas brüchig. Hängen Sie dazwischen doch Schalenstreifen unbehandelter Zitronen oder Orangen – ihre Aromen harmonieren beim Kochen schön mit denen der Kräuter.

1 Jeweils 3–4 Blätter oder Zweiglein von Kräutern wie Lorbeer, Fenchel, Rosmarin oder Thymian mit Küchengarn zusammenbinden. Stets nur Teile derselben Art kombinieren, da die jeweils erforderlichen Trocknungszeiten variieren.

2 Sträußchen an einem luftigen, trockenen, nicht direkt besonnten Ort an einer Schnur baumelnd trocknen. In verschlossenen Gläsern 4–6 Monate lagerfähig.

SAMEN

Fenchel-, Dill- und Koriandersamen kann man für kulinarische Zwecke (und auch für eine Neuaussaat) trocknen. Binnen 6 Monaten verflüchtigen sich jedoch ihre ätherischen Öle.

1 Wählen Sie nur Samenstände von kräftig aussehenden Pflanzen und schneiden Sie die Stängel knapp über dem Boden ab (siehe S. 107).

2 Die Stängel bündeln und zusammenbinden. Schnurenden nicht zu kurz abschneiden, da sie gleich zum Aufhängen der Bündel verwendet werden können.

3 Die Samenstände mit Gaze oder einer braunen Papiertüte umhüllen. Die Bündel am Stielende an einem trockenen, luftigen, nicht besonnten Platz aufhängen.

4 Wenn sich nach etwa 1 Woche die Samen lösen, die Bündel von ihrer Hülle befreien und behutsam schütteln. Samen auffangen. In einer Papiertüte lagern.

BLÜTEN

Getrocknet halten sich Blüten von Lavendel, Kamille, Ringelblumen oder Borretsch 6 Monate.

1 Ganze Blütenstängel von den Pflanzen nehmen und die Blüten ohne Stielansatz abschneiden. Über einen Rahmen ein Stück Gaze spannen.

2 Blüten auf der Gaze ausbreiten. An einem trockenen, luftigen, nicht besonnten Ort 3 Wochen trocknen, bis sie bröselig sind. Verschlossen aufbewahren.

CHILISCHOTEN

Beim Trocknen halten sich ihre feurige Schärfe und ihr Aroma vorzüglich.

1 Reife, makellose Chilischoten an den Stielen auf eine lange Schnur fädeln, an deren einem Ende man zum Anbinden ein Stück frei lässt. Am anderen Ende unter der letzten Schote einen Knoten knüpfen, damit sie nicht herunterrutscht.

2 Die »Kette« an einem luftigen, nicht vollsonnigen Platz aufhängen. Die Chilischoten möglichst in 8 Monaten verbrauchen.

EINEN KNOBLAUCHZOPF FLECHTEN

Die Knollen im Frühsommer, wenn die äußeren Blätter gerade so zu welken beginnen, ausgraben und dabei die langen Schäfte nicht verletzen. Diese müssen zum Flechten getrocknet werden, aber nur so weit, dass sie im Inneren noch leicht saftig sind. Sonst würden sie brechen.

1 Die Knollen für 2–4 Wochen an einen trockenen, luftigen und nicht direkt besonnten Platz legen.

2 Erdreste behutsam abbürsten und die getrockneten Wurzeln abschneiden.

3 3 Knollen wie auf der Abbildung arrangieren und nach Belieben mit Küchengarn fixieren.

4 Nach demselben Schema noch 3 Knollen hinzufügen: 1 in Längsrichtung und dann 2 über Kreuz.

5 Die 6 Schäfte in insgesamt 3 Stränge teilen. Den rechten Strang nach links führen.

6 Dann 3 Stränge wie einen Zopf abwechselnd nach links und rechts flechten. Die Enden verknoten.

7 Den Zopf an einem luftigen und sehr kühlen Platz (ideal ist eine Temperatur von 1–5 °C) aufhängen. Feuchte, stehende Luft würde den Knoblauch schimmeln lassen, und bei mehr Wärme würde er austreiben.

MIT KRÄUTERN KOCHEN

Mit den Kräutern bringen Sie frischen
Wind nicht nur in Ihren Garten, sondern
auch in Ihre Küche. Zaubern Sie mit
Kräutern herzhafte Salate, würzige Salsas
oder Saucen und Marinaden,
die es in sich haben.
Höchster Genuss ist garantiert!

KRÄUTER VORBEREITEN

Die möglichst pflückfrischen Kräuter abbrausen, abtropfen lassen und sorgfältig trocken tupfen. Je nach Art werden sie dann unterschiedlich behandelt. Zumeist löst man die Blätter ab und in jedem Fall entfernt man harte Stängel.

ABSTREIFEN

Bei Kräutern mit harten Stängeln.

Den Stängel an einem Ende gut festhalten. Mit Daumen und Zeigefinger der anderen Hand die Blätter abstreifen.

ABZWICKEN

Bei Kräutern mit zarten Stängeln.

Die Stängel unten festhalten, die Blätter mit der anderen Hand nach außen und oben abziehen. Größere Blattfiedern nach Belieben noch weiter zerpflücken.

ABZUPFEN

Brunnenkresse-Triebe sind kein Genuss.

Blätter und Blüten von den dicken Trieben abzwicken. Damit sie knackig bleiben, sofort in eiskaltes Wasser geben. Vor dem Verwenden abtropfen lassen.

KLEIN SCHNEIDEN

Bei Profis heißt die Technik »Druckschnitt«.

Das Kochmesser kraftvoll nach unten und leicht nach vorn führen. Die Fingerspitzen, die die Kräuter stetig zur Schneide schieben, zu ihrem Schutz einkrümmen.

HACKEN ODER WIEGEN

Fein gehackt machen sich Kräuter gut in Dressings, Suppen und Saucen. Etwas gröber belässt man sie, wenn man ihrem Aroma in Schmorgerichten mehr Raum geben will. Zum Zerkleinern dient ein scharfes Kochmesser, für größere Mengen auch ein Wiegemesser oder der Mixer.

Mit der einen Hand führt man das Kochmesser. Die Fingerspitzen der anderen Hand ruhen auf dem Ende der Klinge, die sich wiegend auf und ab bewegt.

Die runde Klinge eines Wiegemessers schaukelnd bewegen, bis die Kräuter ausreichend gehackt sind. Die Kräuter ab und zu zusammenschieben.

BLÄTTER »IM DUTZEND« IN STREIFEN SCHNEIDEN

Große Blätter, etwa von Basilikum, Sauerampfer oder Minze, kann man gestapelt hacken.

1 Die Blätter, ohne sie zu knicken oder anderweitig zu verletzen, säuberlich aufeinanderlegen. Je größer die Stapel, desto schneller sind die Kräuter gehackt.

2 Den Stapel mit der einen Hand fixieren – dabei die Fingerspitzen zu ihrem Schutz einkrümmen – und mit einem Kochmesser in schmale Streifen schneiden.

KLEINBLÄTTRIGE KRÄUTER MIT DER SCHERE SCHNEIDEN

Krause und glatte Petersilie etwa, aber auch Kerbel, Fenchelkraut, Koriandergrün oder Estragon lassen sich mit einer scharfen Küchenschere gut klein schnippeln.

Die Kräuter abbrausen und gut trocknen. Die Blätter von den Stängeln zupfen und in eine weite Schüssel geben. Die Stängel wegwerfen. Die Schüssel mit einer Hand festhalten, während Sie nun mit einer Schere die Blätter zerschneiden und dabei in kreisförmigen Bewegungen durcharbeiten.

GROSSBLÄTTRIGE KRÄUTER ROLLEN UND SCHNEIDEN

Große Blätter von Kräutern wie Basilikum, Sauerampfer und Minze zu mehreren zusammenrollen, ohne sie dabei zu verletzen, und mit einer scharfen Schere quer klein schneiden.

1 Mehrere Blätter groß- und glattlaubiger Arten mit der Unterseite nach oben aufeinanderlegen und in Längsrichtung wie eine Zigarre fest aufrollen.

2 Die Rolle mit der einen Hand gut festhalten und mit einer Schere in Stückchen schneiden. Passen Sie auf, dass Sie sich dabei nicht in die Finger schneiden.

ZERDRÜCKEN

Damit entlockt man Knoblauch sein Aroma.

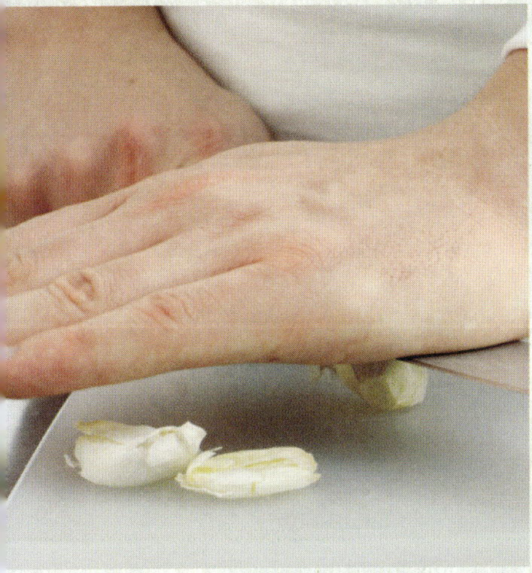

Geschälte Knoblauchzehen auf einem Schneidbrett mit der flachen Klinge eines Kochmessers durch kurzen, kräftigen Druck mit dem Handballen quetschen.

ANDRÜCKEN

So gibt Zitronengras ätherische Öle frei.

Zitronengras mit einer breiten Messerklinge durch Druck mit dem Handballen kräftig quetschen. Funktioniert ebenso bei Lorbeerblättern und Zitrusschalen.

ZERSTOSSEN

Mit dieser Methode lassen sich die Aromen von Kräutern und Samen optimal aufschließen.

1 Grob gehackte oder geschnittene Kräuter und Samen in einen Mörser füllen. Mit dem Stößel als Stampfer die Zutaten zerstoßen.

2 Das Ganze – am besten unter Zugabe von 1 Prise Meersalz und 1 EL Olivenöl – in kreisförmigen Bewegungen zu einer groben Paste zerreiben.

CHILISCHOTEN VORBEREITEN

Entfernen der Samen vor dem Hacken der Schoten nimmt ihnen ihre feurige Schärfe. In kleine Portionsbeutel gefüllt, kann man gehackte Chilischoten bis zu 6 Monate einfrieren.

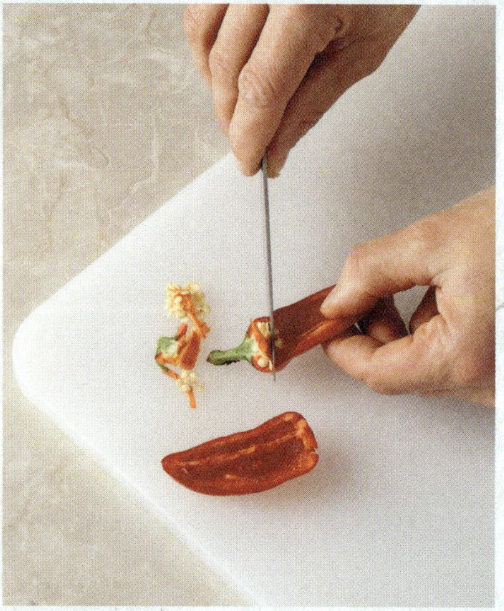

1 Mit einem scharfen Kochmesser den Stielansatz abtrennen und wegwerfen. Die Schote längs halbieren. Samen herausschaben und ebenfalls wegwerfen.

2 Chilihälften mit der Haut nach unten auf das Brett legen und längs in schmale Streifen schneiden. Dabei die Fingerkuppen vor der scharfen Schneide schützen.

3 Als Nächstes die Streifen in Querrichtung sehr fein hacken. Fassen Sie sich während des Hantierens mit Chilischoten nicht ins Gesicht oder gar in die Augen, und waschen Sie anschließend gründlich die Hände. Oder tragen Sie während des Schneidens Einweg- oder Latexhandschuhe.

***Chilischoten** Ihr Schärfegrad reicht von mild bis buchstäblich atemberaubend.*

REIBEN

Wurzeln wie Meerrettich und Ingwer schält und reibt man. So entfalten sie das stärkste Aroma.

Von einer frischen Meerrettichwurzel ein Stück abschneiden, schälen und die benötigte Menge reiben. Geschälte Wurzeln kann man in einem Beutel einfrieren und dann tiefgekühlt direkt reiben. Den Beutel danach wieder verschließen und weiter tiefkühlen. Im Gefrierfach lassen sich Meerrettich und Ingwer bis zu 6 Monate lagern.

GANZE KRÄUTER

Kräuter wie Rosmarin, Thymian und Lorbeer, die harte Stiele bilden, werden oft als Sträußchen oder in Säckchen mitgegart. So kann man sie vor dem Servieren gut aus den Gerichten entfernen. Zusammengebundene Kräuter eignen sich auch zum Einpinseln von Braten.

Kräuterpinsel *Kräuterzweige in Öl tunken und den Braten damit bestreichen.*

BOUQUETS GARNIS

So manches geschmorte Gericht der klassischen französischen Küche ist ohne ein Bouquet garni, ein Kräuterbündel, nicht denkbar.

Aus jeweils mehreren Zweigen verschiedener Kräuterarten ein üppiges Bündel zusammenstellen.

Ein frisches Lorbeerblatt hält den Strauß zusammen und gibt zusätzliche Würze.

Längere Schnurenden machen sich als Aufhänger nützlich. Wenn das Gericht fertig ist, den Strauß einfach entfernen.

Das Ganze mehrmals mit Küchengarn umwickeln. Zuletzt fest verknoten.

KRÄUTERSÄCKCHEN

Frische und getrocknete Kräuter nach Geschmack mit Samen und Zitrusschalen ergänzen.

1 Aus sauberer Gaze ein Quadrat von etwa 10 cm Kantenlänge zuschneiden.

2 Die Würzzutaten in die Mitte des Stoffstücks geben. Je mehr Kräuter Sie verwenden, desto intensiver ist natürlich das Aroma.

3 Die Stoffecken so zusammenfassen, dass die Zutaten komplett eingeschlossen sind, und das Säckchen mit Küchengarn verschließen.

IDEALE KOMBINATIONEN

Bei bestimmten Arten von Gerichten haben sich folgende Kombinationen aromatischer Kräuter bewährt:

Fleisch Petersilie, Thymian, Lorbeerblätter
Fisch Petersilie, Thymian, Zitronenschale, Dill oder Fenchel
Geflügel Petersilie, Estragon, Thymian, Orangenschale
Gemüse Salbei, Petersilie, Majoran oder Oregano

REZEPTE

Frische Kräuter runden Hauptgerichte und Beilagen vollendet ab und in so mancher Marinade oder Würzmischung sind sie das A und O. Höchste Zeit also für eine neue Aromaoffensive in Ihrer Küche! Die Rezepte zu den Rubs (siehe S. 136), Würzpasten und Marinaden geben keine Garzeiten für Fleisch, Fisch oder Geflügel vor, denn diese bestimmen Sie selbst ganz nach Ihren persönlichen Vorlieben.

WÜRZBUTTER-VARIATIONEN

Sie verleihen gegrilltem oder gebratenem Fleisch einen köstlich aromatischen Touch. Indem man die Mischungen zur Rolle formt und wie ein »Riesenbonbon« in Frischhaltefolie wickelt (siehe auch S. 112), lassen sie sich im Kühlschrank bis zu 1 Woche und im Gefrierfach teilweise sogar bis zu 3 Monate aufbewahren. Nach Bedarf Scheiben herunterschneiden und die Rolle gleich wieder kühlen.

BRUNNENKRESSEBUTTER

Pfeffrige Brunnenkresse, vermischt mit Butter, ist eine reizvolle Bereicherung für Fleisch oder Fisch vom Grill. Auch als Sandwich-Aufstrich zu verwenden.

ERGIBT 200 G **ZUBEREITUNG** 20 MINUTEN

100 g Brunnenkresseblätter, abgespült und trocken getupft (siehe S. 122)
Meersalz, frisch gemahlener schwarzer Pfeffer
100 g weiche Butter, in 10–12 Stücke geschnitten
2 TL Zitronensaft

1 Brunnenkresseblätter portionsweise mit ein wenig Salz sowie reichlich Pfeffer in den Mixer geben und fein hacken.

2 Butter und Zitronensaft hinzufügen. Durchmixen, bis sich eine glatte Mischung ergibt, oder die Zutaten mit einem Holzlöffel kräftig verrühren.

3 In ein kleines Gefäß füllen und zugedeckt bis zur Verwendung in den Kühlschrank stellen.

OREGANOBUTTER

Sie verleiht Ofengemüse und Bruschetta einen unverkennbar mediterranen Touch.

ERGIBT 100 G **ZUBEREITUNG** 20 MINUTEN

1 knapper EL Erdnuss- oder mildes Olivenöl
100 g weiche Butter, in Stückchen geschnitten
3 EL fein gehackter Oregano
1 Knoblauchzehe
Meersalz, frisch gemahlener schwarzer Pfeffer

1 Einen Teller mit Küchenpapier auslegen. Das Öl mit 2 Teelöffeln Butter in einer kleinen, beschichteten Pfanne bei mittlerer Temperatur erhitzen. Oregano und Knoblauch 2 Minuten unter ständigem Rühren braten. Aus der Pfanne nehmen und zum Aufsaugen von überschüssigem Fett auf dem Küchenpapier verteilen.
2 Im Mixer, in einem Mörser mit einem Stößel oder in einer Schüssel mit einer Gabel die restliche Butter mit den entfetteten Würzzutaten gründlich vermengen. Leicht salzen und pfeffern.
3 In ein kleines Gefäß füllen und zugedeckt bis zur Verwendung kalt stellen.

ESTRAGONBUTTER

Wenn man sie auf weißfleischigem Fisch wie Seezunge, Kabeljau, Scholle, Seehecht oder Seelachs zerfließen lässt, entfaltet sie ein wundervoll zitroniges Aroma.

ERGIBT 100 G **ZUBEREITUNG** 15 MINUTEN

3 EL fein gehackter Estragon
Meersalz, frisch gemahlener schwarzer Pfeffer
100 g sehr weiche Butter
2 TL Zitronensaft

1 Estragon in eine kleine Schüssel füllen, leicht salzen und pfeffern. Butter und Zitronensaft hinzufügen.
2 Mit einer Gabel zerdrücken, bis eine cremige Masse entsteht. In ein kleines Gefäß füllen und bis zur Verwendung kalt stellen.

Kochtipp Um die Butter zu Beginn sehr weich zu bekommen, würfeln und in einer Schüssel über mittelheißem Wasser mit einer Gabel zerdrücken. Alternativ 1 Minute in der Mikrowelle auf niedriger Stufe erwärmen.

SCHNECKENBUTTER

Traditionell genießt man diese Butter zischend heiß zu Weinbergschnecken, doch mundet sie auch vorzüglich zu Huhn oder Fisch.

ERGIBT 150 G **ZUBEREITUNG** 15 MINUTEN

125 g sehr weiche Butter
2 1/2 EL Zitronensaft
3 EL fein gehackte Petersilie (glatt oder kraus)
4 Knoblauchzehen
Meersalz, frisch gemahlener schwarzer Pfeffer

1 Butter mit Zitronensaft glatt rühren. Petersilie gleichmäßig unterziehen.
2 Knoblauchzehen mit einer Messerklinge andrücken (siehe S. 125) und schälen. In einem Mörser mit Salz und Pfeffer bestreuen und zerstoßen. Die Butter kräftig einrühren.
3 In ein kleines Gefäß füllen und zugedeckt bis zu 3 Tage kalt stellen. Nicht einfrieren.

MONTPELLIERBUTTER

Eine pikante Beigabe zu gegrilltem Fleisch oder Fisch.

ERGIBT 200 G **ZUBEREITUNG** 30 MINUTEN

2 Schalotten, gehackt
Je 1 EL gehackte Kräuter: Petersilie (glatt oder kraus), Sauerampfer, Koriander (oder Kerbel), Estragon, Schnittlauch und Brunnenkresse (oder Spinat)
2 Sardellenfilets in Öl, abgetropft und gehackt
2 kleine Gewürzgurken, gehackt
1 EL Kapern, abgetropft
1 Knoblauchzehe, angedrückt (siehe S. 125), geschält und zerdrückt
125 g sehr weiche Butter
Meersalz, frisch gemahlener schwarzer Pfeffer
3 EL Öl
2 TL Weißwein- oder Estragonessig
Einige Tropfen Tabasco (nach Belieben)

1 Wasser zum Kochen bringen. Einen kleinen Topf bei mäßiger Temperatur aufsetzen. Schalotten hineingeben, mit dem kochenden Wasser bedecken und die Kräuter zufügen. Die Zutaten 1 Minute blanchieren. In einem Sieb abseihen, sogleich kalt abbrausen, gut abtropfen lassen und mit der flachen Hand ausdrücken.
2 Einen Teller mit zwei Lagen Küchenpapier auslegen. Den Siebinhalt darauf verteilen und mit weiterem Küchenpapier trocken tupfen.
3 Die Kräuter-Schalotten-Mischung mit den Sardellen, Gurken und Kapern, dem Knoblauch und der Butter im Mixer fein hacken. Mit Salz und Pfeffer würzen, die Mischung von der Gefäßwand nach unten schaben. Das Gerät wieder einschalten und bei laufendem Motor langsam das Öl dazugießen.
4 Abschmecken und den Essig sowie nach Belieben den Tabasco einrühren.
5 Die Mischung in ein kleines Gefäß füllen und zugedeckt mindestens 1 Stunde oder auch bis zu 1 Woche kalt stellen, nicht jedoch einfrieren.

ÖL UND ESSIG

Aromatisierte Öle und Essige sind ein optimaler Ersatz für frische Kräuter. Manche Rezepte gehen ganz einfach, indem man zum Beispiel einige Chilischoten in fruchtigem Olivenöl ziehen lässt.

ROSMARINÖL

Über Huhn oder Fisch geträufelt ein wahres Küchenwunder.

ERGIBT 250 ML **ZUBEREITUNG** 20 MINUTEN **ERHITZEN** 20 MINUTEN

2 Knoblauchzehen, ungeschält
Abgestreifte Blätter von 6 Rosmarinzweigen
250 ml fruchtiges Olivenöl guter Qualität
3 kleine, schön gewachsene Rosmarinzweige

1 Knoblauch 3 Minuten in einem kleinen Topf mit kochendem Wasser blanchieren, danach in kaltem Wasser abschrecken. Abseihen, trocken tupfen und schälen.
2 Rosmarinblätter und Knoblauch andrücken (siehe S. 125). In einem kleinen Topf mit schwerem Boden mit dem Öl übergießen. Langsam erhitzen, bis das Öl siedet, dabei die Zutaten mit einem Holzlöffel immer wieder unter die Oberfläche drücken. Noch 2–3 Minuten unter häufigem Rühren köcheln lassen. Vom Herd nehmen und erkalten lassen, dabei gelegentlich rühren und die Zutaten quetschen.
3 Inzwischen die 3 kleinen Rosmarinzweige 2 Minuten in kochendem Wasser blanchieren. Kalt abschrecken, abseihen und trocken tupfen.
4 Die ganzen Zweige in eine sterilisierte Flasche (siehe S. 176) geben. Einen Trichter mit einem angefeuchteten sauberen Gazetuch auslegen, in die Flasche stecken und langsam das Öl einfüllen. Verschlossen kühl lagern. In 6 Wochen verbrauchen.

ESTRAGONESSIG

Für Dressings geeignet oder mit Schalotten aufgepeppt für eine Sauce.

ERGIBT 500 ML **ZUBEREITUNG** 30 MINUTEN **RUHEZEIT** 72 STUNDEN

500 ml guter Weißwein- oder Apfelessig
7–8 Estragonstängel
1 Knoblauchzehe
6 Pfefferkörner

1 Essig mit 5 Estragonstängeln, Knoblauch und Pfefferkörnern in eine sterilisierte Flasche (siehe S. 176) geben. Verschließen, kräftig schütteln und mindestens 24 Stunden ziehen lassen, bis der Estragon verblasst, dabei ab und zu erneut schütteln.
2 In eine frische, sterilisierte Flasche 2–3 frische Estragonstängel geben. Den Essig durch einen mit Gaze ausgelegten Trichter dazugießen. Verschlossen an einen kühlen Platz stellen. Frühestens nach 48 Stunden, aber binnen 2 Monaten verwenden.

RUBS: WÜRZMISCHUNGEN

Der Begriff »Rub« (von englisch »to rub« für »reiben«) steht für eine eher trockene Würzmischung, die man direkt vor der Zubereitung auf Fleisch oder Fisch aufträgt. Beim Braten im Ofen wird es mit Alufolie abgedeckt, da Kräuter bei Hitze den Geschmack verändern. Zum Schluss nochmals frische Kräuter für ein besseres Aroma dazugeben.

PETERSILIE-ESTRAGON-ZITRONENTHYMIAN-RUB

Ideal für Brathähnchen. Schieben Sie etwas von der Mischung unter die Haut.

FÜR 1 MITTELGROSSES HÄHNCHEN ODER 2 STUBENKÜKEN
FÜR 4 PERSONEN **ZUBEREITUNG** 15 MINUTEN

1 EL fein gehackte Petersilie (glatt oder kraus)
2 EL getrockneter Estragon
Abgestreifte Blätter von 2 Zitronenthymianzweigen
1 TL fein abgeriebene Zitronenschale
1 TL Meersalz
¼ TL frisch gemahlener schwarzer Pfeffer

Die Zutaten vermengen. Die Mischung auf dem Hähnchen verteilen und behutsam einklopfen. Vor dem Braten mit Olivenöl beträufeln oder mit Butterflöckchen belegen.

Variationen Als Füllung für Brathähnchen dieselben Zutaten, allerdings ohne das Salz und nur in halber Menge vermischen. 1 gehäuften Esslöffel Semmelbrösel, 200 Gramm Wurstbrät oder auch fein gehackte frische Feigen oder Aprikosen sowie zuletzt 1 Ei unterziehen. Die Mischung locker einfüllen. Für eine leichtere Variante 100 Gramm Frischkäse mit 2 Esslöffeln Olivenöl verrühren und zu der Mischung geben.

FENCHEL-THYMIAN-RUB

Sehr empfehlenswert zu Wolfsbarsch und Roter Meerbarbe.

FÜR EINEN 900-G-FISCH ODER 600 G FILET **FÜR** 4 PERSONEN **ZUBEREITUNG** 15 MINUTEN

2 TL getrocknete Fenchel- oder Dillsamen, zerstoßen
½ EL fein gehackte Petersilie (glatt oder kraus)
Abgestreifte Blätter von 2 Thymianzweigen
1 EL Zitronensaft
¼ TL frisch gemahlener weißer Pfeffer

Samen und Kräuter vermengen. Zitronensaft und Pfeffer unterziehen. Die leicht feuchte Mischung gleichmäßig auf dem Fisch verstreichen und sanft einreiben.

Kochtipp Um einen ganzen Fisch von innen zu aromatisieren, die Mischung nach obigem Rezept in einer flachen Schüssel zubereiten. ½ Zitrone in Scheiben schneiden, diese in der Mischung wenden und in den Fisch füllen.

SALBEI-WACHOLDER-LORBEER-RUB

Zum kräftigen Geschmack von Wild und Schweinefleisch die passende Ergänzung.

FÜR 800 G FLEISCH **FÜR** 4 PERSONEN **ZUBEREITUNG** 15 MINUTEN

1 EL getrockneter Salbei, zerrieben
1 TL Wacholderbeeren
2 Lorbeerblätter, fein zerschnitten plus frische Lorbeerblätter zum Auflegen
2 Thymianzweige
1 TL Salz
1 Knoblauchzehe, zerdrückt
1 TL fein abgeriebene Orangenschale
1 TL grob gemahlener schwarzer Pfeffer
150 g Mascarpone (nur für Schweinebraten)

Alle Zutaten vermischen. (Für Schweinebraten zuletzt den Mascarpone unterziehen.) Den Rub gleichmäßig auf dem Fleisch verteilen und leicht einklopfen. Für die Zubereitung im Ofen mit fruchtigem Olivenöl beträufeln oder mit Butterflöckchen belegen. Gegen Ende des Garvorgangs einige frische Lorbeerblätter auflegen.

WÜRZIGER OREGANO-ZITRUS-ROSMARIN-RUB

Markante, zitronige Akzente geben Lammfleisch ein köstliches Kontra.

FÜR 800 G LAMMFLEISCH **FÜR** 4 PERSONEN **ZUBEREITUNG** 15 MINUTEN

1 TL gehackter frischer oder ½ TL getrockneter Oregano
2 TL fein abgeriebene Zitronenschale
1 kleine Knoblauchzehe, zerdrückt
½ TL gemahlener Kreuzkümmel
1 TL gehackte Rosmarinblätter
1 EL gehacktes Koriandergrün
Meersalz, frisch gemahlener schwarzer Pfeffer

Zutaten vermengen. Mischung auf dem Fleisch verstreichen und sanft einklopfen. Fleisch erst kurz vor dem Garen salzen und pfeffern und, falls es im Ofen gebraten wird, mit Olivenöl beträufeln. Gegen Ende des Garvorgangs mit 2 Esslöffeln Zitronensaft beträufeln und mit etwas gehacktem frischem Oregano bestreuen.

PERSILLADE

Die klassische Petersilien-Knoblauch-Mischung verfeinert geschmorte Gerichte.

FÜR 4 PERSONEN **ZUBEREITUNG** 10 MINUTEN

3 EL fein gehackte Petersilie (glatt oder kraus)
1 oder 2 Knoblauchzehen, zerdrückt
Meersalz, frisch gemahlener schwarzer Pfeffer

Petersilie und Knoblauch mit Salz und Pfeffer nach Geschmack vermengen. Die Mischung vor dem Servieren in Schmorgerichte und auch Eintöpfe einrühren.

Variationen Durch Zugabe von 2 Teelöffeln Zitronenabrieb wird aus der Persillade eine italienische Gremolata. Für ein Gratin 3 Esslöffel frische Semmelbrösel unter die Persillade oder Gremolata mischen. Über das Gericht streuen, mit Olivenöl beträufeln oder mit Butterflöckchen belegen. 10–15 Minuten knusprig überbacken.

WÜRZPASTEN

Feuchter als einfache Rubs und trockener als Marinaden, bilden sie eine köstliche Umhüllung für Fleisch und Fisch. Das Gargut wird von den Aromen durchdrungen und bekommt eine schöne Kruste.

SALBEI-PETERSILIEN-PASTE (SIEHE BILD LINKS)

Bei Geflügel wirkt die intensiv duftende Kräuterpackung wahre Wunder.

FÜR 1 MITTELGROSSES HÄHNCHEN ODER 2 STUBENKÜKEN **FÜR** 4 PERSONEN
ZUBEREITUNG 20 MINUTEN **KÜHLZEIT** 30 MINUTEN

2 Knoblauchzehen, angedrückt
Meersalz
8 Salbeiblätter, gehackt
2 EL gehackte glatte Petersilie
1 TL Thymian
1 TL Bohnenkraut, gehackt
1 TL Szechuanpfefferkörner
40–50 g sehr weiche Butter
2 EL mildes Olivenöl

1 Knoblauch mit etwas Salz, dem Salbei und der Petersilie im Mörser zerstoßen.
2 Thymian, Bohnenkraut und Pfefferkörner zufügen und ebenfalls zerstoßen.
3 Die Butter mit dem Öl dazugeben, kurz zerstampfen und die Zutaten dann mit dem Stößel verrühren.
4 Geflügel in eine Schüssel geben. Hälfte der Paste mit einem Löffel gleichmäßig darauf verteilen, leicht andrücken. Die Unterseite genauso überziehen.
5 Locker mit Frischhaltefolie abdecken und für mindestens 30 Minuten kalt stellen.

KORIANDER-MINZE-PASTE

Die kraftvolle Mischung hüllt Lammschulter in mediterranes Aroma.

FÜR 600 G LAMMFLEISCH **FÜR** 4 PERSONEN **ZUBEREITUNG** 15 MINUTEN **KÜHLZEIT** 30 MIN.

2 Knoblauchzehen, angedrückt
1 TL Kreuzkümmelsamen
1/2 TL gemahlener Kreuzkümmel
1/2 TL gemahlener Koriander
1 EL gehacktes frisches Koriandergrün
1 TL getrocknete Minze
1 TL fein abgeriebene Zitronenschale
3 EL fruchtiges Olivenöl
2 TL Rosmarin
Frisch gemahlener schwarzer Pfeffer
Meersalz

1 Knoblauch, Kreuzkümmel, Koriander, Minze und Zitronenschale im Mixer mit der Impulstaste fein hacken. Das Öl untermixen und das Gerät ausschalten.
2 Rosmarin einrühren und die Paste mit Pfeffer abschmecken.
3 Fleisch in eine Schüssel legen. Die Hälfte der Paste mit einem Löffel gleichmäßig darauf verstreichen, leicht andrücken. Umdrehen und die andere Seite überziehen.
4 Mit Frischhaltefolie abdecken und für 30 Minuten kalt stellen. Vor dem Garen salzen.

MEERRETTICH-LORBEER-SENFSAMEN-PASTE

Im Geschmack wie in der Konsistenz eine kernige Komposition, die klassische Würzelemente für Rindfleisch in sich vereint.

FÜR 600 G RINDFLEISCH **FÜR** 4 PERSONEN **ZUBEREITUNG** 15 MINUTEN **KÜHLZEIT** 30 MINUTEN

1 Knoblauchzehe
1 TL schwarze Pfefferkörner
1 TL Senfsamen
2 TL frisch geriebener Meerrettich
2 Lorbeerblätter, fein gehackt
1 EL fein gehackte Petersilie (glatt oder kraus)
2 EL sehr weiche Butter
1 EL mildes Olivenöl
Meersalz

1 Knoblauch und Pfefferkörner in den Mörser geben und mit dem Stößel zerkleinern. Senfsamen, Meerrettich, Lorbeerblätter und Petersilie hinzufügen und ebenfalls zerstoßen. Die Zutaten sollen am Ende gut vermischt sein. (Alternativ die Zutaten kurz im Mixer durch Betätigen der Impulstaste zerkleinern.)
2 Die Butter mit dem Öl dazugeben, kurz zerstampfen und die Zutaten dann mit dem Stößel energisch verrühren (siehe S. 125).
3 Fleisch auf eine Platte legen. Die Hälfte der Paste mit einem Löffel in die Mitte geben und mit den Händen in alle Richtungen verstreichen. Das Fleischstück wenden und wie zuvor den Rest der Paste gleichmäßig darauf verteilen, sodass es vollständig überzogen ist.
4 Locker mit Frischhaltefolie abdecken und für mindestens 30 Minuten kalt stellen, sodass die würzigen Aromen ins Fleisch einziehen können. Für einen intensiveren Geschmack auch länger (im besten Fall über Nacht) ruhen lassen. Erst unmittelbar vor dem Garen salzen.

Meerrettich
Von seiner pikanten Schärfe profitieren Knollensellerie und Lachs ebenso wie Rindfleisch, sofern man ihn mit Feingefühl dosiert.

DILL-UND-KORIANDER-PASTE

Optimal für Lachs, der dank der Paste eine schöne, rotbraune Farbe bekommt.

FÜR 700 G LACHSFILET **FÜR** 4 PERSONEN **ZUBEREITUNG** 15 MINUTEN **KÜHLZEIT** 15 MINUTEN

2 EL gehackter Dill
1 EL gehacktes Koriandergrün
1 EL gehacktes Basilikum
1/2 TL grob gemahlener weißer Pfeffer
1 EL Sojasauce
1 TL extrafeiner Zucker oder Honig
1/4 TL scharfes Paprikapulver
1 EL mildes Olivenöl, plus etwas für den Fisch
1 EL sehr weiche Butter, plus etwas mehr für den Fisch
2 TL fein gehackter Schnittlauch
1 EL Zitronensaft
1 TL fein abgeriebene Zitronenschale
Meersalz

1 Dill, Koriandergrün und Basilikum mit Pfeffer, Sojasauce, Zucker oder Honig und Paprikapulver im Mixer durch Drücken der Impulstaste hacken. Olivenöl und Butter untermixen, danach das Gerät ausschalten.
2 Schnittlauch sowie Zitronensaft und -schale unter die Paste ziehen. Nach Geschmack salzen.
3 Die Hälfte der Paste mit einem Löffel in die Mitte des Lachsfilets geben und mit den Händen in alle Richtungen verstreichen. Das Filet wenden und wie zuvor den Rest der Paste gleichmäßig darauf verteilen. Es soll vollständig überzogen sein.
4 Den Fisch locker mit Frischhaltefolie abdecken und für mindestens 15 Minuten kalt stellen, sodass sich die Aromen schön entfalten. Unmittelbar vor der Zubereitung mit Butterflöckchen belegen oder mit etwas Olivenöl beträufeln.

Koriander
Seine Blättchen sind vielseitig verwendbar und gelten in vielen Gegenden als traditionelles Fischgewürz.

MARINADEN

Die in Marinaden enthaltene Flüssigkeit – zumeist Alkohol oder Saft von Zitrusfrüchten – macht Fleisch zart und gart es auch teilweise. Gleichzeitig wird es durch die Kräuter aromatisiert.

LORBEER-LIEBSTÖCKEL-WACHOLDER-MARINADE

Mit dieser Marinade laufen Wild und Rindfleisch zu Höchstform auf. Lassen Sie zähere oder länger abgehangene Stücke bis zu 48 Stunden marinieren.

FÜR 1–1,5 KG FLEISCH **FÜR** 4–6 PERSONEN **ZUBEREITUNG** 15 MINUTEN
KOCHZEIT 20 MINUTEN **MARINIERZEIT** 4 STUNDEN

1 Knoblauchzehe
4 Lorbeerblätter
4–6 Stängel glatte Petersilie, im Ganzen gehackt
2 Stängel Liebstöckel, gehackt
1 Winterzwiebel (oder 2 Frühlingszwiebeln), gehackt
1 Schalotte, grob gehackt
6 Wacholderbeeren
12 schwarze Pfefferkörner
5 cm langer Streifen getrocknete Orangenschale
750 ml weicher Rotwein guter Qualität

1 Knoblauch andrücken (siehe S. 125), schälen und im Mörser zerstoßen. Lorbeerblätter mit einem Fleischklopfer bearbeiten, um ihr Aroma aufzuschließen. Diese beiden Zutaten mit den Kräutern, den Zwiebeln und der Schalotte sowie den Wacholderbeeren, den Pfefferkörnern und der Orangenschale in einen mittelgroßen Topf geben. Mit dem Wein und 250 Millilitern Wasser übergießen. Auf hoher Stufe zum Kochen bringen.

2 Nach dem ersten Aufwallen die Hitze verringern und das Ganze bei schräg aufgelegtem Deckel 5 Minuten köcheln lassen, bis der Alkohol verflogen ist.

3 Vom Herd nehmen und abkühlen lassen. Das Fleisch in einer größeren, nicht-metallischen Schüssel mit der Marinade übergießen und mehrmals darin wenden. Zugedeckt im Kühlschrank mindestens 4 Stunden, besser noch über Nacht ruhen lassen, dabei zwei- bis dreimal wenden. So gewinnt das Fleisch nicht nur ein köstliches Aroma, sondern auch eine herrlich mürbe Konsistenz.

4 Kurz vor der Zubereitung das Fleisch aus der Marinade nehmen, abtropfen lassen, und, falls es im Ofen oder in der Pfanne gebraten werden soll, mit Küchenpapier trocken tupfen. Die Marinade über einem geeigneten Gefäß durch ein Sieb streichen, um sie als Garflüssigkeit oder als Grundlage für eine Sauce zu verwenden.

ORANGEN-BASILIKUM-MARINADE

Diese Marinade ist für Schweinefleisch wie geschaffen. Während sie zusammen mit dem Braten gart, kocht sie zu einer dicken Sauce ein.

FÜR 600 G SCHWEINELENDE **FÜR** 4 PERSONEN **ZUBEREITUNG** 15 MINUTEN
MARINIERZEIT 1 STUNDE

Saft von 2 Orangen
Abgeriebene Schale von 1 Bio-Orange
3 EL Sojasauce
12 Basilikumblätter, fein gehackt
12–15 Schnittlauchstängel, fein gehackt
3 cm frische Ingwerwurzel, gerieben
2 Knoblauchzehen
1 TL Koriandersamen
400 g Naturjoghurt
2 EL mildes Olivenöl
Meersalz, frisch gemahlener schwarzer Pfeffer

1 In einer Schüssel, in der das Fleisch zusammen mit der Marinade Platz hat, Orangensaft und -schale, Sojasauce, Basilikum, Schnittlauch und Ingwer vermischen.
2 Den Knoblauch zusammen mit den Koriandersamen im Mörser zerstoßen oder mit einer breiten Messerklinge zerdrücken (siehe S. 125) und ebenfalls in die Schüssel geben. Joghurt und Öl untermischen. Die Marinade mit Salz und Pfeffer abschmecken.
3 Das Fleisch in die Marinade legen und mehrmals wenden, bis das Stück gleichmäßig überzogen ist. Die Schüssel mit Frischhaltefolie verschließen und das Fleisch mindestens 1 Stunde im Kühlschrank marinieren – nach Belieben auch länger, wenn Sie ein kräftigeres Aroma wünschen.

Variation Diese Komposition harmoniert ebenso vorzüglich mit Hähnchen. Obige Zutatenmengen genügen, um ein ganzes Hähnchen mittlerer Größe, alternativ auch 4–6 Keulen oder Brüste zu marinieren.

Basilikum
Eier, Geflügel, Schweinefleisch, Paprikaschoten und Tomaten – ihnen allen kommt das Basilikumaroma enorm zugute.

MARINADEN ZUM KALTGAREN

Ganz frischen Fisch und auch Gemüse kann man einfach durch Einlegen in eine Marinade garen. Da die beteiligten Kräuter dabei ihren Geschmack verändern, gibt man direkt vor dem Servieren frische hinzu.

GERÄUCHERTER SCHELLFISCH MIT DILL

Diese herzhafte Vorspeise verlangt frisch geräucherten Fisch bester Qualität.

FÜR 6 PERSONEN ALS VORSPEISE **VORBEREITUNG** 15 MINUTEN
MARINIERZEIT 1–2 STUNDEN **FERTIGSTELLUNG** 10 MINUTEN

1 TL plus 1 ½ TL gehackter Dill
1 TL plus 1 TL fein gehackter Schnittlauch
1 TL fein gehackter frischer Thymian
2 TL fein gehackte Petersilie (glatt oder kraus)
Fein abgeriebene Schale und Saft von 1 kleinen Zitrone
1 EL plus 3 EL fruchtiges Olivenöl
400 g geräuchertes Schellfischfilet

Zum Servieren
1 Zitrone, in Spalten geschnitten
6 Scheiben geröstetes Brot
1 Knoblauchzehe, geschält und halbiert
Butter zum Bestreichen

1 Je 1 Teelöffel Dill, Schnittlauch und Thymian sowie 2 Teelöffel Petersilie mit der Schale und dem Saft der Zitrone und 1 Esslöffel Olivenöl gründlich verrühren.
2 Fisch trocken tupfen, von etwaigen Gräten befreien und mit einer Gabel zerpflücken. Unter die Kräutermarinade mischen und für 1–2 Stunden kalt stellen.
3 In einem Durchschlag gut abtropfen lassen und mit Küchenpapier trocken tupfen (es macht nichts, wenn ein Teil der Kräuter dabei entfernt wird). In einer Servierschüssel mit 3 Esslöffeln Olivenöl und den zusätzlichen Kräutern behutsam vermengen. Sogleich servieren. Dazu die Zitronenspalten und die Röstbrotscheiben, mit den Knoblauchhälften eingerieben und leicht gebuttert, reichen.

GURKENSALAT MIT ESTRAGON UND SAHNE

Estragon bildet mit Gurke und süßer oder saurer Sahne ein perfektes Trio.

FÜR 4 PERSONEN ALS VORSPEISE **VORBEREITUNG** 15 MINUTEN
RUHEZEIT 30 MINUTEN **FERTIGSTELLUNG** 10 MINUTEN

1 große, feste, makellose Salatgurke, geschält und in feine Scheiben geschnitten
2 EL grobes Meersalz
½ TL extrafeiner Zucker
1 EL plus 2 TL gehackter Estragon
4 EL süße oder 3 EL saure Sahne
Frisch gemahlener schwarzer Pfeffer

1 Gurkenscheiben in einem Durchschlag mit Salz, Zucker und 1 Esslöffel Estragon vermischen. Mit einem Teller beschweren und 30 Minuten ziehen lassen.
2 Kalt abspülen und kräftig ausdrücken. Mit Küchenpapier trocken tupfen.
3 In einer Schüssel mit der süßen oder sauren Sahne, dem restlichen Estragon und Pfeffer nach Geschmack würzen. Nach Belieben über Nacht kalt ziehen lassen.

ZUCCHINI MIT SCHNITTLAUCHMARINADE

Schnittlauch und Thymian geben Zucchini viel Geschmack, während die Marinade einen Teil des reichlich enthaltenen Wassers entzieht.

FÜR 4 PERSONEN ALS VORSPEISE **VORBEREITUNG** 20 MINUTEN
RUHEZEIT 40 MINUTEN **FERTIGSTELLUNG** 10 MINUTEN

400 g kleine, feste, makellose Zucchini
4 EL fruchtiges Olivenöl
1 EL fein abgeriebene Zitronenschale
2 EL Zitronensaft
1 TL plus 2 TL fein gehackter Schnittlauch
1 TL plus 1 TL fein gehackte Petersilie
1 TL fein gehackter Thymian
Meersalz, frisch gemahlener schwarzer Pfeffer

1 Zucchini waschen, trocken reiben, von den Enden befreien und mit einem Sparschäler längs in dünne Streifen schneiden. Zum Aufsaugen überschüssiger Feuchtigkeit auf eine mit zwei Lagen Küchenpapier ausgelegte Platte geben.
2 In einer Schüssel 1 Esslöffel Olivenöl mit Zitronenschale und -saft, je 1 Teelöffel Schnittlauch, Petersilie und Thymian sowie etwas Salz und Pfeffer verrühren. Zucchini untermischen. Mindestens 40 Minuten an einem kühlen Ort ziehen lassen.
3 In einen Durchschlag geben, behutsam ausdrücken und trocken tupfen.
4 In einer Schüssel mit dem Rest des Olivenöls, des Schnittlauchs und der Petersilie kurz durchmischen. Mit Salz und Pfeffer abschmecken. Raumtemperiert servieren.

CHAMPIGNONS A LA GRECQUE

Dank Kerbel und Koriander bietet dieser Vorspeisenklassiker viel Kräuterfrische.

FÜR 4–6 PERSONEN ALS VORSPEISE **VORBEREITUNG** 20 MINUTEN
MARINIERZEIT 4 STUNDEN **FERTIGSTELLUNG** 10 MINUTEN

4 EL plus 2 EL fruchtiges Olivenöl
1 Knoblauchzehe, angedrückt (siehe S. 125), geschält und zerdrückt
2 TL fein abgeriebene Zitronenschale
3 EL Zitronensaft
2 EL fein gehackte glatte Petersilie
1 TL zerstoßene Koriandersamen
1 EL plus 1 EL gehackter Kerbel
400 g sehr frische, weiße Champignons, mit feuchtem Küchenpapier abgewischt und in feine Scheiben geschnitten
Meersalz, frisch gemahlener schwarzer Pfeffer
2 TL Sherryessig
1 EL gehacktes Koriandergrün

1 In einer Schüssel 4 Esslöffel Olivenöl mit dem Knoblauch, Zitronenschale und -saft, Petersilie, Koriandersamen und 1 Esslöffel Kerbel verrühren.
2 Die Pilze dazugeben, leicht salzen und pfeffern. Durchmischen und zugedeckt im Kühlschrank mindestens 4 Stunden marinieren.
3 Danach die Pilze in einem Durchschlag gut abtropfen lassen. In einer Schüssel mit 2 Esslöffeln Olivenöl und dem Essig anmachen, mit Salz und Pfeffer würzen. Mit dem restlichen Kerbel und dem Koriandergrün bestreuen. Raumtemperiert servieren.

SALSAS

Nichts übt auf den Gaumen einen solchen Hallo-Wach-Effekt aus wie eine Salsa, sei sie feurig scharf oder schmeichelnd cremig. Man verwendet Salsas als Dips oder Saucen zu gegrilltem Seafood, Geflügel und Schweinefleisch ebenso wie zu knackigem rohem Gemüse.

ZITRONENGRAS-CHILI-SALSA

Mit dieser Salsa schmecken gegrillter Fisch oder Grillspieße mit hellem Fleisch noch mal so gut.

FÜR 6 PERSONEN **ZUBEREITUNG** 20 MINUTEN **KÜHLZEIT** 1 STUNDE

2 Stängel Zitronengras, äußere Blätter entfernt
2 gehäufte EL gehacktes Thai-Basilikum, plus 6 ganze Blätter zum Servieren
1 ganze rote Chilischote, Samen entfernt, fein gehackt
1 TL frisch geriebene Ingwerwurzel
1 EL flüssiger Honig oder 1 EL Zucker
3 EL Sojasauce
2 TL Fischsauce
6 EL Limettensaft

1 Vom Zitronengras die Spitzen abschneiden und wegwerfen. Das untere, verdickte Ende andrücken (siehe S. 125) oder mit einem Fleischklopfer bearbeiten, um die Aromen freizusetzen. Die Stängel sehr fein hacken und in eine Schüssel geben.
2 Gehacktes Basilikum, Chili und Ingwer hinzufügen.
3 Honig oder Zucker, Sojasauce, Fischsauce und Limettensaft gründlich unterziehen. Zugedeckt für mindestens 1 Stunde kalt stellen, sodass sich die Aromen voll entwickeln können.
4 Unmittelbar vor dem Servieren die ganzen Basilikumblätter untermischen.

Chili
Ein Hauch Chili macht Salsas und Currys zu einem reizvollen Gaumenkitzel, bringt aber auch die Aromen anderer Kräuter und Gewürze besser zur Geltung.

AVOCADO-PAPRIKA-LIMETTEN-SALSA

Cremige Avocado mit würzigem und zitronigem Beiklang bildet eine schmackhafte Beigabe zu scharfen Currys sowie gegrilltem Fisch oder Geflügel.

FÜR 4–6 PERSONEN **ZUBEREITUNG** 20 MINUTEN **KÜHLZEIT** 30 MINUTEN

2 reife Strauchtomaten
2 reife Hass-Avocados, halbiert, entsteint und geschält
Saft von 1 Limette
4–5 Stängel Koriandergrün
3–4 Stängel glatte Petersilie
Meersalz, frisch gemahlener schwarzer Pfeffer
1/4 TL scharfes Paprikapulver
1 EL mildes Olivenöl

1 Tomaten 1 Minute in kochendem Wasser blanchieren. Mit einer Schaumkelle herausheben und, sobald man sich an ihnen nicht mehr die Finger verbrennt, enthäuten und halbieren. Mit einem Löffel aushöhlen. Fruchtfleisch fein würfeln.
2 Die Avocadohälften etwa ebenso fein würfeln wie die Tomaten. In einer Schüssel mit dem Limettensaft übergießen und behutsam durchmischen. Kräuter sowie Salz und Pfeffer nach Geschmack und zuletzt das Paprikapulver unterziehen.
3 Die Tomatenwürfel dazugeben. Die Salsa bis zur Verwendung, jedoch für mindestens 30 Minuten kalt stellen. Vor dem Servieren mit dem Olivenöl verfeinern und nochmals abschmecken.

RUCOLA-MASCARPONE-SALSA

Ein herzhafter Dip für Knoblauchtoast, Rohkoststicks und kleine neue Kartoffeln.

FÜR 4–6 PERSONEN **ZUBEREITUNG** 20 MINUTEN **KÜHLZEIT** 30 MINUTEN

50 g Rucola
2 EL grob gehackter Schnittlauch
2 EL Kerbel
Meersalz, frisch gemahlener schwarzer Pfeffer
100 g Mascarpone
100 g Ricotta
1 EL Balsamico-Essig

1 Den Rucola mit der Hälfte des Schnittlauchs und des Kerbels sowie etwas Salz und Pfeffer in den Mixer geben und mit der Impulstaste kurz hacken. Mascarpone und Ricotta hinzufügen. Alles vorsichtig durchmixen.
2 Die Mischung zugedeckt in einer Schüssel bis zum Gebrauch, jedoch für mindestens 30 Minuten kalt stellen. Zuletzt den Essig einrühren. Die Salsa mit Salz und Pfeffer abschmecken. Den restlichen Schnittlauch und Kerbel unterziehen.

SALSA MIT DILL, BRUNNENKRESSE, KAPERN UND TOMATEN

Zitronig frisch und fabelhaft als Ergänzung zu gegrilltem weißfleischigem Fisch oder Garnelen.

FÜR 4–6 PERSONEN **ZUBEREITUNG** 15 MINUTEN **KÜHLZEIT** 30 MINUTEN

2 EL gehackter Dill
50 g Brunnenkresseblätter (siehe S. 122), gehackt
9 Kirschtomaten, halbiert, die Hälften sanft ausgedrückt und quer halbiert
1 gehäufter EL Kapern, abgetropft
Fein abgeriebene Schale und Saft von 1/2 Zitrone
Meersalz, frisch gemahlener schwarzer Pfeffer
3 EL fruchtiges Olivenöl

1 Dill, Brunnenkresse und Tomatenviertel in eine Schüssel geben. Die Kapern (falls sie groß sind, zunächst hacken) zusammen mit dem Zitronenabrieb und -saft unterziehen. Die Mischung bis zur Verwendung, jedoch für mindestens 30 Minuten kalt stellen.

2 Umrühren, mit Salz und Pfeffer abschmecken und mit dem Olivenöl beträufeln. Vor dem Servieren nochmals durchmischen.

Variation Nach demselben Prinzip lässt sich eine Koriander-Zwiebel-Salsa zubereiten. Dafür den Dill durch 2 Esslöffel gehacktes Koriandergrün und die Tomaten durch 1 kleine rote Zwiebel, fein gehackt, ersetzen. Anstelle der Kapern nimmt man schließlich 1 gehäuften Esslöffel gehackte Walnusshälften oder Pekannusskerne. Mit je 1 1/2 Esslöffeln Oliven- und Walnussöl beträufeln.

Dill
Mit seinem zarten Aroma, das an Petersilie und Anis erinnert, bereichert Dill zahlreiche Gerichte.

SALATE

Frische Kräuter und Blüten verwandeln alltägliche Salate in ein aufregendes Geschmackserlebnis. Seien Sie kreativ und verwenden Sie, was gerade Saison hat. Je frischer die Zutaten, desto besser das Ergebnis.

LÖWENZAHN-RUCOLA-SALAT MIT BLÜTEN

Schon optisch ist dieser ganz leicht angemachte Salat die reinste Augenweide.

FÜR 4 PERSONEN **ZUBEREITUNG** 15 MINUTEN

Für das Dressing

4 EL plus 1 EL Erdnuss-, Sonnenblumen- oder Traubenkernöl
Meersalz, frisch gemahlener schwarzer Pfeffer
1 EL Estragon- oder Weißweinessig
1/2 TL extrafeiner Zucker
4 Liebstöckelblätter, fein gehackt

Für den Salat

125 g zarte Löwenzahnblätter, abgespült und trocken getupft
80–90 g Rucola, grob zerpflückt
80–90 g Erbsensprossen, grob zerpflückt
2 EL gehackte glatte Petersilie
2 EL gehackter Kerbel
1 EL kleine Minzeblätter
1 EL fein gehackter Schnittlauch
1/2 Tasse essbare Blüten, etwa von Kapuzinerkresse oder Schnittlauch, oder Blütenblätter, z. B. von Märzveilchen oder Stiefmütterchen

1 Für das Dressing in einer weiten, flachen Schüssel 4 Esslöffel Öl mit Salz und Pfeffer, dem Essig und dem Zucker verquirlen. Den Liebstöckel einrühren.

2 Die Hälfte des Löwenzahns grob zerpflücken, die Hälfte des Rucola und der Erbsensprossen darüber verteilen. Darauf die Hälfte der Petersilie, des Kerbels und der Minze geben. Nicht durchmischen.

3 Die restlichen Blätter und Sprossen in die Schüssel füllen, aber noch nicht durchmischen.

4 Unmittelbar vor dem Servieren den Schnittlauch und die Blüten dazugeben. Das Ganze mit 1 Esslöffel Öl beträufeln, leicht salzen und pfeffern und kurz behutsam durchmischen, bis alle Blätter, Kräuter und Blüten leicht mit Öl überzogen sind.

5 Den Salat möglichst rasch servieren.

Löwenzahn
Wegen seines leicht bitteren Geschmacks sollte man rohen Löwenzahn maßvoll verwenden.

KRÄUTER-TABOULÉ

Kräuter geben in dieser Variante des nahöstlichen Klassikers den Ton an.

FÜR 4 PERSONEN **ZUBEREITUNG** 25 MINUTEN

Für das Dressing

1 Knoblauchzehe, angedrückt (siehe S. 125), geschält und zerdrückt
Meersalz, frisch gemahlener schwarzer Pfeffer
1/2 TL Fünf-Gewürz-Pulver
1 TL fein abgeriebene Zitronenschale
1 EL Zitronensaft
1 EL Granatapfelkonzentrat oder Balsamico-Essig
4 EL fruchtiges Olivenöl

Für den Salat

75 g feiner Bulgur (Hartweizen-Spezialität)
6 EL gehackte glatte Petersilie
1 EL fein gehackte Minze
1 EL gehacktes Koriandergrün
4 Frühlingszwiebeln, fein gehackt
4 Kirschtomaten, gehackt

1 In einer Salatschüssel den Knoblauch mit etwas Salz, dem Fünf-Gewürz-Pulver, der Zitronenschale und dem -saft sowie dem Granatapfelkonzentrat oder Essig vermischen. Olivenöl sowie Salz und Pfeffer nach Geschmack einrühren. Das Dressing etwas ziehen lassen und inzwischen die Salatzutaten vorbereiten.

2 Dafür den Bulgur in einer flachen Schüssel mit kochend heißem Wasser bedecken und 2 Minuten quellen lassen. In einem Sieb abseihen und gründlich mit kaltem Wasser abbrausen, dabei etwaige Klumpen mit den Fingern zerreiben. Den Bulgur im Sieb gründlich abtropfen lassen.

3 Bulgur in die Schüssel mit dem Dressing geben. Petersilie, Minze, Koriandergrün, Frühlingszwiebeln und Tomaten zufügen. Kurz vor dem Servieren durchmischen. Mit Salz und Pfeffer abschmecken.

Variation Nach Belieben zuletzt 2–3 Esslöffel Granatapfelkerne unterziehen, die in dem Salat wie Juwelen funkeln und nebenbei für knackige Gaumenfreuden sorgen.

Glatte Petersilie
Mit diesem kulinarischen Allrounder lässt sich fast jede herzhafte Zubereitung geschmacklich aufpeppen.

ARABISCHER SALAT

Als »Fattoush« ist dieser erfrischende Salat fester Bestandteil der Nahost-Küche.

FÜR 4 PERSONEN **ZUBEREITUNG** 20 MINUTEN

Für das Dressing

1/2 Knoblauchzehe, zerdrückt
1/2 TL mildes Paprikapulver
1/2 TL gemahlener Sumach
1/2 TL extrafeiner Zucker
1/2 TL gemahlener Kreuzkümmel
1 TL fein abgeriebene Zitronenschale
2 EL Zitronensaft
7 EL fruchtiges Olivenöl
Meersalz, frisch gemahlener schwarzer Pfeffer

Für den Salat

1 große Salatgurke, geschält
15 kleine Kirschtomaten
1 Romana- oder Kopfsalat
12 schwarze Oliven, entsteint und gehackt
3 Frühlingszwiebeln, gehackt
2 EL gehackte glatte Petersilie
2 EL gehackter Portulak oder Rucola
2 EL gehacktes Koriandergrün
2 EL gehackte Minze

1 In einer Salatschüssel die Zutaten für das Dressing vermischen. Mit Salz und Pfeffer abschmecken und beiseitestellen, bis die Salatzutaten vorbereitet sind.
2 Gurke längs vierteln. Die Samen mit einem Löffel herausschaben und die Viertel in regelmäßige kleine Stücke schneiden. Beiseitestellen. Tomaten halbieren, einen Teil der Samen mit einem Löffel herauslösen und wegwerfen, danach die Hälften zur Gurke geben. Den Romana- oder Kopfsalat in mundgerechte Stücke zerpflücken.
3 Das Dressing umrühren. Etwas von dem Salat hinzufügen (nicht durchmischen), mit einem Teil der Oliven und Frühlingszwiebeln sowie jeweils etwas von der Petersilie, dem Portulak oder Rucola, dem Koriandergrün und der Minze bestreuen. Die Hälfte der Gurken und Tomaten dazugeben. Auf diese Weise auch die übrigen Zutaten in die Schüssel füllen.
4 Den Salat erst kurz vor dem Servieren durchmischen.

Variation Für einen Frühlingskräutersalat mit Ziegenkäse das Paprikapulver, den Sumach, den Zucker und den Kreuzkümmel weglassen. Die Hälfte des Olivenöls und des Knoblauchs sowie der Zitronenschale und des -safts in einer flachen Schüssel vermischen. Jeweils 4 gehäufte Esslöffel frisch gezupfte Blätter von Kerbel und glatter Petersilie sowie von gehackten Frühlingszwiebeln und dazu je 2 Esslöffel gehackte Zitronenmelisse, Schnittlauchstängel und Dillspitzen hinzufügen. Mit 4 Esslöffeln zerbröckeltem Ziegenfrischkäse bestreuen. Erst unmittelbar vor dem Servieren durchmischen.

SALAT MIT KERBEL UND GRÜNEN BOHNEN

Ob als leichtes Mittagessen oder üppige Vorspeise, ist diese Komposition sowohl wegen ihrer Aromenfülle als auch farblich ein absoluter Genuss.

FÜR 4 PERSONEN **ZUBEREITUNG** 15 MINUTEN **GARZEIT** 15 MINUTEN

Meersalz
400 g grüne Bohnen, von den Enden befreit
Frisch gemahlener schwarzer Pfeffer
3 EL fein gehackte krause Petersilie
2 TL Zitronenthymian
1 EL gehacktes Fenchelgrün
2 EL fruchtiges Olivenöl
125 g Rucola (oder Brunnenkresse)
1 Dose Artischockenherzen (etwa 400 g), abgetropft und halbiert
4 Scheiben Parmaschinken, in schmale Stücke zerpflückt
16 kleine schwarze Oliven, entsteint und gehackt
125 g Kirschtomaten, halbiert
2 Frühlingszwiebeln, gehackt
3 EL gehackter Kerbel

Für das Dressing
5 EL fruchtiges Olivenöl
Meersalz, frisch gemahlener schwarzer Pfeffer
1/2 Knoblauchzehe, zerdrückt
1 1/2 EL Balsamico-Essig

1 In einem Topf leicht gesalzenes Wasser zum Kochen bringen. Bohnen in 5–7 Minuten bissfest garen. In kaltem Wasser abschrecken und abtropfen lassen.
2 Bohnen in einer weiten, flachen Schüssel leicht salzen und pfeffern. Mit der Hälfte der Petersilie, des Thymians und des Fenchelgrüns bestreuen. Zuletzt mit dem Olivenöl beträufeln, durchmischen und beiseitestellen.
3 Für das Dressing das Öl in eine kleine Schüssel geben, salzen und pfeffern. Knoblauch und Balsamico-Essig mit einem Schneebesen einrühren.
4 Die Hälfte des Rucola auf den Bohnen verteilen. Darauf die Hälfte der Artischocken, des Schinkens, der Oliven, der Tomaten und der Frühlingszwiebeln geben. Dressing nochmals aufschlagen und zur Hälfte über den Salat träufeln. Behutsam durchmischen. Restliche Salatzutaten außer dem Kerbel in die Schüssel geben.
5 Salat mit dem übrigen Dressing beträufeln. Durchmischen, mit dem Kerbel bestreuen und servieren.

Kerbel
Das zarte Kraut schmeckt exzellent in Salaten und Eierspeisen. Zu lange gegart, verliert es jedoch sein Aroma.

DRESSINGS

Kräuterdressings runden nicht nur Salate ab. Sie ergänzen auch vorzüglich Fisch oder Fleisch vom Grill sowie gekochtes Gemüse und Hülsenfrüchte. Dressings sollte man etwas im Voraus zubereiten, aber erst kurz vor dem Servieren unter das Gericht mischen.

KRÄUTERDRESSING IM THAI-STIL

Genießen Sie dieses Dressing zu Garnelen, Hähnchen oder gedämpftem Gemüse.

FÜR 4 PERSONEN **ZUBEREITUNG** 10 MINUTEN

1 EL gehackter Schnittlauch
1 kleine Knoblauchzehe, zerdrückt
1/2 kleine rote Chilischote, Samen entfernt, gehackt
1 EL gehacktes Koriandergrün
1 TL Fischsauce
2 EL Limettensaft
1 TL extrafeiner Zucker
60 ml Erdnussöl

1 Alle Zutaten außer dem Erdnussöl in den Mixer geben und verrühren.
2 Bei laufendem Gerät langsam das Öl zugießen und kurz, aber gleichmäßig untermixen. Sofort verwenden. Mit Frischhaltefolie abgedeckt, lässt sich das Dressing aber auch bis zu 24 Stunden im Kühlschrank aufbewahren. Vor dem Servieren erneut aufschlagen.

MINZEDRESSING

Das frische, zitronige Dressing schmeckt wundervoll auf Lammkoteletts vom Grill.

FÜR 4 PERSONEN **ZUBEREITUNG** 10 MINUTEN

4 EL gehackte Minze
75 ml fruchtiges Olivenöl
1 EL frisch gepresster Orangensaft
1 EL Limettensaft
1 TL Fischsauce
1 TL extrafeiner Zucker

1 Die Minze im Mixer mit der Impulstaste fein pürieren.
2 Alle übrigen Zutaten auf einmal dazugeben. Rasch durchmischen, bis eine glatte Sauce entsteht. Nach Belieben mit Frischhaltefolie abgedeckt bis zu 24 Stunden im Kühlschrank aufbewahren. Vor dem Servieren erneut aufschlagen.

PETERSILIEN-KAPERN-OLIVEN-DRESSING

Eine herzhafte Sauce für Coleslaw und köstlich zu Lamm oder Garnelen vom Grill.

FÜR 4 PERSONEN **ZUBEREITUNG** 10 MINUTEN

1 gehäufter EL gehackte glatte Petersilie
1/2 kleine Knoblauchzehe, angedrückt (siehe S. 125), geschält und zerdrückt
1 TL getrockneter Oregano
1/4 TL extrafeiner Zucker
1/4 TL Dijon-Senf
1/2 EL gehackte schwarze Oliven
1 TL Kapern, abgetropft
1 1/2 EL Balsamico-Essig
60 ml fruchtiges Olivenöl

1 Sämtliche Zutaten außer dem Olivenöl in den Mixer geben und verrühren.
2 Bei laufendem Gerät langsam das Öl zugießen und kurz, aber gleichmäßig untermixen. Mit Frischhaltefolie abgedeckt, lässt sich das Dressing nach Belieben bis zu 24 Stunden im Kühlschrank aufbewahren. Falls es zu dickflüssig erscheint, 1 Spritzer Wasser einrühren. Vor dem Servieren gründlich umrühren.

WARMES TOMATEN-KNOBLAUCH-DRESSING

Lecker zu gegrilltem Thunfisch, pochiertem Fisch, gekochtem Huhn – und Reis.

FÜR 4–6 PERSONEN **ZUBEREITUNG** 10 MINUTEN **GARZEIT** 10 MINUTEN

3 reife, mittelgroße Strauchtomaten
45 ml Olivenöl
2 Knoblauchzehen, angedrückt (siehe S. 125), geschält und zerdrückt
1/4 TL scharfes Paprikapulver
1 EL fein gehacktes Basilikum
1 EL fein gehackte glatte Petersilie
1 EL Sherryessig
Meersalz, frisch gemahlener schwarzer Pfeffer

1 Tomaten in einer Schüssel mit kochendem Wasser überbrühen und nach 1 Minute abgießen. Sobald sie sich anfassen lassen, enthäuten und halbieren. Die Hälften mit einem Löffel aushöhlen. Fruchtfleisch würfeln und beiseitestellen, Rest wegwerfen.
2 Olivenöl in einem Topf auf sehr kleiner Stufe zusammen mit dem Knoblauch und Paprikapulver erhitzen und 3–4 Minuten rühren. Die Hälfte des Basilikums und der Petersilie 1 Minute lang einrühren. Tomatenwürfel dazugeben und 2–3 Minuten sanft durchmischen, bis sie heiß sind.
3 Den Topf vom Herd nehmen. Den Rest der gehackten Kräuter und anschließend den Essig einrühren. Mit Salz und Pfeffer abschmecken. Warm servieren.

PESTO

Für das klassische Genueser Pesto zerstößt man Basilikum und Knoblauch im Mörser zu einer groben, sehr aromatischen Paste, unter die man dann Olivenöl, Pinienkerne und Parmesan rührt. Auch aus anderen frischen Kräutern und mit frischen, enthäuteten Walnuss- anstelle der Pinienkerne lassen sich köstliche Pestos zubereiten.

PESTO VON GEMISCHTEN KRÄUTERN

Mischen Sie dieses Pesto mit dem Oregano-Extrakick unter Pasta oder Reis.

FÜR 2 PERSONEN **VORBEREITUNG** 15 MINUTEN **ZUBEREITUNG** 20 MINUTEN

3 EL grob gehacktes Basilikum
2 TL grob gehackter Oregano
3 EL grob gehackte glatte Petersilie
2 Knoblauchzehen
Grobes Meersalz
50 g Parmesan, gerieben
90–100 ml fruchtiges Olivenöl
Frisch gemahlener schwarzer Pfeffer
300 g getrocknete Pasta
1 EL Sahne (nach Belieben)

1 Kräuter bis auf 1 Esslöffel in einen großen Mörser füllen. Knoblauchzehen andrücken (siehe S. 125), schälen und ebenfalls in den Mörser geben. Die Zutaten mit etwas Salz bestreuen und mit dem Stößel zu einem Brei verarbeiten.
2 Den Parmesan in kleinen Portionen gründlich unterziehen. Langsam das Öl dazugießen und rühren, bis eine dicke, grobe Paste entsteht. Salzen und pfeffern.
3 Die Pasta nach Packungsanweisung garen. Abseihen, dabei 2 Esslöffel des Kochwassers auffangen und das Pesto damit geschmeidig rühren. Die Pasta – am besten im noch heißen Kochtopf – gleichmäßig mit dem Pesto vermischen.
Die restlichen frischen Kräuter und die Sahne, falls verwendet, unterziehen. Heiß servieren.

Kochtipp Um das Pesto als Salatdressing zu verwenden, nach Schritt 3 etwas Balsamico- oder anderen Essig oder auch Zitronensaft einrühren. Für 4 Personen werden 3–4 Esslöffel Pesto und 1 Esslöffel Balsamico-Essig benötigt.

Oregano
Frisch oder getrocknet ist dieses wunderbare Kraut aus vielen beliebten Gemüse- und Meeresfrüchtegerichten nicht wegzudenken.

KALTE SAUCEN

Kräuter spielen in kalten Saucen eine große Rolle – als Würzelement ebenso wie als frisches Gegengewicht zu dem oft reichlich enthaltenen Fett. Ideal sind frische Kräuter, aber auch getrocknet können etwa Minze, Oregano oder Thymian in kleinen Mengen verwendet werden.

GRÜNE SAUCE

Als »sauce verte« ist sie in Frankreich, als »salsa verde« in Italien sehr beliebt, etwa als Beigabe zu pochiertem Huhn und Lachs oder zu Thunfisch vom Grill.

ERGIBT 250 ML **ZUBEREITUNG** 20 MINUTEN

- 1 EL Semmelbrösel, aus Brot vom Vortag frisch hergestellt
- 1 EL Weißweinessig
- 1 TL Dijon-Senf
- 175 ml fruchtiges Olivenöl
- 5 EL fein gehackte glatte Petersilie (nach Belieben auch einige ganze Stängel)
- 3 EL fein gehacktes Basilikum
- 1 EL fein gehackte Minze
- 2 Knoblauchzehen, zerdrückt
- 2 Sardellenfilets, gehackt
- 2 EL Kapern, abgetropft und fein gehackt
- Meersalz, frisch gemahlener schwarzer Pfeffer
- 2 TL fein abgeriebene Schale von 1 unbehandelten Zitrone
- 2–3 EL Zitronensaft

1 In einer Schüssel Semmelbrösel, Essig, Senf und 3 Esslöffel Öl vermengen.
2 Von den Kräutern 1 gemischten Esslöffel beiseitelegen, den Rest unter die Böselmasse mischen. Für noch mehr Aroma nach Belieben zusätzlich einige Petersilienstängel sehr fein hacken und ebenfalls unterziehen.
3 Knoblauch, Sardellen und die Hälfte der Kapern dazugeben.
4 Unter die sehr dicke grüne Paste nun nach und nach das restliche Olivenöl rühren. Zuletzt mit Salz und Pfeffer abschmecken. Kurz vor dem Servieren die Zitronenschale und den -saft sowie die restlichen Kräuter und Kapern untermischen. Die Sauce hält sich, mit Frischhaltefolie abgedeckt, bis zu 24 Stunden im Kühlschrank.

Kapern
Eingelegte Kapern ergänzen fettreichen Fisch und gekochtes Fleisch ganz ausgezeichnet.

AÏOLI

Servieren Sie diese Knoblauchmayonnaise, wie in der Provence üblich, mit gedämpftem Gemüse, hart gekochten Eiern und pochiertem Fisch.

ERGIBT 300 ML **ZUBEREITUNG** 20 MINUTEN **RUHEZEIT** 10 MINUTEN

2 große frische Knoblauchzehen, zerdrückt und geschält
Meersalz
Frisch gemahlener schwarzer Pfeffer
1 sehr frisches, großes Eigelb
200 ml mildes Olivenöl

1 Knoblauch mit 1 kleinen Prise Salz in einem großen Mörser zerstoßen. Eigelb sowie Pfeffer nach Geschmack zufügen und 1 Minute kräftig einrühren. 5 Minuten ruhen lassen und dann tropfenweise unter ständigem Schlagen Öl hinzufügen.
2 Wenn die Mischung emulgiert, weiteres Öl in feinem Strahl gleichmäßig dazugießen und ununterbrochen immer in derselben Richtung weiterrühren, bis das Aïoli so dick ist, dass der Stößel beinahe von selbst in der Schüssel steht.
3 Zugedeckt bis zum Servieren kalt stellen – nach Belieben bis zu 24 Stunden.

KRÄUTERMAYONNAISE

Vorzüglich ergänzt diese grüne Mayonnaise Spargel, Brokkoli oder Blumenkohl.

FÜR 4–6 PERSONEN **ERGIBT** 300 ML **ZUBEREITUNG** 20 MINUTEN **RUHEZEIT** 10 MINUTEN

1 sehr frisches Eigelb
1 TL Dijon-Senf
Meersalz
1 Knoblauchzehe, zerdrückt
150 ml Erdnuss-, Raps-, Sonnenblumen- oder ein anderes Pflanzenöl
1 EL gehacktes Basilikum
1 EL fein gehackte glatte Petersilie
1 EL gehackter Estragon oder Dill
½ EL gehacktes Koriandergrün
1 Majoran- oder Oreganostängel, Blätter abgezupft
1 EL Kapern, abgetropft
100 ml fruchtiges Olivenöl
1 EL Rotweinessig
Frisch gemahlener schwarzer Pfeffer

1 Eigelb, Senf und etwas Salz im Mixer oder mit einer Gabel gründlich verrühren. 5 Minuten ruhen lassen.
2 Knoblauch mit der Impulstaste kurz untermixen. Bei laufendem Gerät das Pflanzenöl erst langsam und, wenn die Mischung eindickt, etwas schneller dazugießen.
3 Nachdem das gesamte Pflanzenöl eingerührt ist, langsam die Hälfte der Kräuter und der Kapern einarbeiten. Olivenöl und Essig hinzufügen. Das Gerät ausschalten.
4 Sauce in eine Schüssel füllen. Abschmecken und 5 Minuten ruhen lassen. Restliche Kräuter sowie langsam etwa 2 Esslöffel kaltes Wasser einrühren – es macht die Mayonnaise etwas geschmeidiger. Nach Belieben zugedeckt bis zu 24 Stunden kalt stellen, dann aber restliche Kräuter und Wasser erst vor dem Servieren unterziehen.

CHIMICHURRI

Die in Argentinien sehr populäre Sauce wird gern zu Rindfleisch vom Grill, aber etwa auch zu Empanadas, also Teigtaschen mit deftiger Füllung, serviert.

ERGIBT 200 ML **ZUBEREITUNG** 15 MINUTEN **RUHEZEIT** 2 STUNDEN

100 ml fruchtiges Olivenöl
2 Knoblauchzehen, angedrückt (siehe S. 125), geschält und zerdrückt
2 EL Sherry- oder Rotweinessig
1 Schalotte, fein gehackt
4 EL gehackte glatte Petersilie
1/2 TL getrockneter Majoran oder Oregano
1/2 TL geräuchertes Paprikapulver
Meersalz, frisch gemahlener schwarzer Pfeffer

1 In einer kleinen Schüssel alle Zutaten außer Salz und Pfeffer mit einem Schneebesen gründlich verrühren. Zuletzt nach Geschmack salzen und pfeffern.
2 Die Sauce in einer sauberen Servierschüssel zugedeckt für 2 Stunden an einen kühlen Platz stellen und vor dem Servieren nochmals abschmecken. Im Kühlschrank lässt sie sich bis zu 48 Stunden aufbewahren.

JOGHURTSAUCE MIT PETERSILIE UND MINZE

Ein frischer, kühlender Kontrast zu scharfen und sehr würzigen Speisen.

ERGIBT 175 ML **ZUBEREITUNG** 20 MINUTEN **RUHEZEIT** 2 STUNDEN

150 g Naturjoghurt (nicht Magerstufe)
1 Knoblauchzehe, angedrückt (siehe S. 125), geschält und zerdrückt
1 TL Zitronensaft
1 gehäufter EL gehackte glatte Petersilie, plus 2 TL zum Servieren
10 g Feta (griechischer Schafkäse), zerdrückt
1 TL gehacktes Bohnenkraut oder Majoran
1 TL getrocknete Minze, plus 1 TL zum Servieren
Meersalz, frisch gemahlener schwarzer Pfeffer
1 1/2 EL fruchtiges Olivenöl zum Servieren

1 Alle Zutaten außer Salz, Pfeffer und Olivenöl in den Mixer geben und glatt rühren. Mit Salz und Pfeffer abschmecken.
2 Die Sauce in eine Schüssel umfüllen. Zugedeckt für 2 Stunden an einen kühlen Platz stellen. Vor dem Servieren erneut abschmecken und mit der zusätzlichen Petersilie und Minze bestreuen. Das Olivenöl darüberträufeln und leicht unterziehen.

Kochtipp Joghurtsaucen halten sich im Kühlschrank bis zu 48 Stunden. Falls sie anschließend zu dickflüssig erscheinen, etwas kaltes Wasser einrühren.

Variationen Die Mischung frischer und getrockneter Kräuter kann man abwandeln, auch lässt sich der Feta durch dieselbe Menge Tahin (Sesampaste) ersetzen. Ein Muss in jedem Fall: die kleine Extraportion frischer Kräuter am Schluss.

WARME SAUCEN

Damit Kräuteraromen in einer warmen Sauce optimal zur Geltung kommen, sollte man das Grundrezept einfach halten. Zerlassene Butter, etwas Brühe, Sahne oder Weißwein sind gute Partner für Kräuter.

SAUCE MIT FRISCHEM SALBEI

Der ideale Begleiter zu Schweinekoteletts, Kalbsschnitzel, Huhn oder Pute.

ERGIBT 250 ML **ZUBEREITUNG** 10 MINUTEN **KOCHZEIT** 10 MINUTEN

2 Lorbeerblätter
125 ml Hühner- oder Gemüsebrühe
125 ml trockener Weißwein
1 kleiner Thymianzweig
1 EL Mehl
20 g weiche plus 15 g kalte Butter, gewürfelt zum Servieren
1 EL gehackte Salbeiblätter, plus 3–5 kleine, ganze Blätter zum Servieren
Meersalz, frisch gemahlener schwarzer Pfeffer

1 Lorbeerblätter andrücken (siehe S. 125) oder mit einem Fleischklopfer bearbeiten. Mit Brühe, Wein und Thymian in einen Topf geben. Auf mittlerer Stufe erhitzen.
2 Mehl und weiche Butter auf einer Untertasse mit einer Gabel gründlich verkneten.
3 Wenn die Flüssigkeit köchelt, die Mehl-Butter-Masse mit einem Schneebesen einrühren. Bei etwas höherer Temperatur 3 Minuten weiterschlagen, bis die inzwischen leise sprudelnde Flüssigkeit leicht eindickt. Die Hitze herunterschalten.
4 Lorbeerblätter und Thymian entfernen. Salbei hinzufügen und 2 Minuten rühren. Sauce vom Herd nehmen und 2 Minuten abkühlen lassen. Salzen und pfeffern.
5 Die kalten Butterwürfel unterschlagen, die ganzen Salbeiblätter einrühren und die Sauce servieren.

Salbei
Frisch ist er unschlagbar in butterigem Risotto, getrocknet ein Gewinn für Füllungen.

SCHLICHTE SAHNESAUCE MIT KNOBLAUCH

Mit im Ofen gegartem Knoblauch entsteht eine wundervolle Begleitsauce zu Braten.

ERGIBT 200–250 ML **ZUBEREITUNG** 15 MINUTEN **KOCHZEIT** 15 MINUTEN **RUHEZEIT** 30 MINUTEN

2 frische Knoblauchknollen, die Zehen vereinzelt, aber nicht geschält
1 EL Olivenöl
150 g Sahne
Meersalz, frisch gemahlener schwarzer Pfeffer

1 Backofen auf 130°C vorheizen. Knoblauchzehen auf einem Teller mit dem Öl beträufeln und durchmengen, bis sie gleichmäßig überzogen sind. Einen Bräter mit Alufolie ausschlagen, Knoblauch einfüllen und locker mit Folie abdecken. Für 1 Stunde in den Ofen schieben – das Fruchtfleisch soll zuletzt weich wie Püree sein.
2 Bräter aus dem Ofen nehmen, Knoblauch auf einen Teller geben. Sobald sich die Zehen anfassen lassen, das Fruchtfleisch über einer Schüssel herausdrücken.
3 Die Sahne in einem kleinen Topf bei niedriger Temperatur erwärmen. Vom Herd nehmen und das Knoblauchpüree mit einem Schneebesen unterziehen. Die Sauce mit Salz und Pfeffer abschmecken. Langsam bis kurz vor dem Siedepunkt erhitzen. Ein etwaiger Rest hält sich zugedeckt im Kühlschrank 1 Tag.

Variationen 1 Teelöffel gemahlenen Kreuzkümmel oder Koriander und/oder 2 Teelöffel geriebene Ingwerwurzel einrühren. Sahne durch dieselbe Menge abgetropften Joghurt (Vollfettstufe) ersetzen oder auch durch Brühe sowie 20 Gramm gewürfelte kalte Butter, zuletzt untergeschlagen.

BUTTER-KERBEL-SAUCE

Zu Lachs oder Seezunge passt diese Sauce ebenso wie zu Spargel oder Brokkoli.

ERGIBT 120 ML **ZUBEREITUNG** 10 MINUTEN **KOCHZEIT** 15–20 MINUTEN

1 gestrichener EL Maisstärke
Meersalz
65 g kalte Butter, gewürfelt
1 gehäufter EL fein gehackter Kerbel
2 TL Zitronensaft
Frisch gemahlener weißer Pfeffer

1 In einem Topf die Maisstärke mit 120 Millilitern Wasser und Salz nach Geschmack verquirlen. Unter Rühren langsam bis kurz vor dem Siedepunkt erhitzen.
2 Butter stückchenweise unterschlagen, dabei die Sauce nicht aufkochen lassen. Vom Herd nehmen und den Kerbel sowie den Zitronensaft einrühren.
3 Die Sauce mit Salz und Pfeffer abschmecken und unverzüglich servieren.

Variationen Im letzten Moment die Sauce mit 1 Esslöffel Crème double anreichern. Nach Belieben den Kerbel durch dieselbe Menge fein gehackten Estragon, Dill oder Sauerampfer ersetzen.

SUPPEN

Ob als Nebendarsteller oder auch in der Hauptrolle machen Kräuter in vielen Suppen eine gute Figur. Getrocknet kommen sie am Anfang zum Einsatz, frisch haben sie zum Schluss ihren großen Auftritt.

SAUERAMPFER-ERBSEN-SUPPE

Sauerampfer setzt in dieser samtigen Erbsensuppe einen reizvollen Akzent.

FÜR 4–6 PERSONEN **VORBEREITUNG** 15 MINUTEN **KOCHZEIT** 30 MINUTEN

20 g weiche Butter, plus 20 g kalte Butter, gewürfelt
1 EL Sonnenblumen-, Erdnuss- oder Rapsöl
500 g frisch enthülste Erbsen, nach Belieben auch Tiefkühlerbsen
1 mehlig kochende Kartoffel, geschält und klein gewürfelt
2 Stängel glatte Petersilie, gehackt
4 EL kleine Sauerampferblätter, dazu weiterer gehackter Sauerampfer zum Servieren
Meersalz, frisch gemahlener schwarzer Pfeffer
750 ml Gemüse- oder Hühnerbrühe
3 EL Sahne, plus mehr zum Servieren

1 In einem großen Topf die weiche Butter mit dem Öl bei mittlerer Temperatur erhitzen. Erbsen, Kartoffel, Petersilie und die Hälfte der ganzen Sauerampferblätter 2 Minuten lang gründlich einrühren. Bei leicht verringerter Hitze 100 Milliliter Wasser sowie etwas Salz und Pfeffer hinzufügen. Einen Deckel schräg auflegen und die Kartoffelwürfel auf kleinster Stufe unter gelegentlichem Rühren in 15 Minuten weich garen. Topf vom Herd nehmen und den Inhalt etwas abkühlen lassen.
2 Topfinhalt im Mixer pürieren und wieder in den Topf füllen (alternativ direkt im Topf einen Stabmixer einsetzen). Die Brühe einrühren. Auf mittlerer Stufe unter häufigem Rühren köchelnd erhitzen, anschließend bei etwas verminderter Temperatur 5 Minuten simmern lassen. Restliche Sauerampferblätter und Sahne untermischen. Die Suppe mit Salz und Pfeffer abschmecken.
3 Auf kleiner Stufe die kalten Butterwürfel unterschlagen. Die Suppe abschmecken und in einzelne Schalen füllen. Mit etwas Sahne und gehacktem Sauerampfer vollenden und sogleich servieren.

Sauerampfer
Sein säuerliches, leicht bitteres Aroma harmoniert vorzüglich mit Fisch, Sahne und Eiern.

KRÄUTERCREMESUPPE

Für diesen grünen Gaumenschmaus können Sie beliebige Kräuter kombinieren.

FÜR 4 PERSONEN **VORBEREITUNG** 15 MINUTEN **KOCHZEIT** 1 STUNDE

2 EL Butter
Je 30 g Zwiebel und Möhren, gehackt
Je 50 g Stangensellerie und Frühlingszwiebel plus 20 g Petersilienwurzel, alles gewürfelt
20 g Mehl
Meersalz, frisch gemahlener schwarzer Pfeffer
1 l Hühnerbrühe
2 Knoblauchzehen, fein gehackt
1 Lorbeerblatt
5 schwarze Pfefferkörner
125 g Sahne
6 EL gehackte Kräuter, etwa Salbei, Basilikum, Petersilie, Kerbel, Sauerampfer, Oregano, Thymian, Schnittlauch

1 In einem Topf 1 Esslöffel Butter auf kleiner Stufe zerlassen. Zwiebel zugedeckt 5–10 Minuten anschwitzen. Übriges Gemüse einrühren und ebenfalls zugedeckt in 5–10 Minuten weich schwitzen. Mit dem Mehl bestäuben und durchmischen, leicht salzen und pfeffern. Brühe hinzugießen und auf hoher Stufe zum Kochen bringen.
2 Knoblauch, Lorbeerblatt und Pfefferkörner zur Suppe geben. Bei sanfter Hitze ohne Deckel etwa 30 Minuten köcheln lassen, dabei öfters abschäumen.
3 Sahne einrühren und die Temperatur wieder erhöhen – die Suppe darf aber nicht aufkochen. Nach 5 Minuten vom Herd nehmen und in eine große Schüssel seihen. Siebrückstände wegwerfen, Suppe zurück in den Topf gießen.
4 Restliche Butter und Kräuter bis auf einen kleinen Rest mit einem Schneebesen unterschlagen. Suppe 5 Minuten köcheln lassen, dabei ab und zu rühren. Abschmecken, in Schalen schöpfen, mit den restlichen Kräutern bestreuen und servieren.

GUACAMOLE-SUPPE

Cremige Avocados und kräftige Kräuteraromen vertragen sich bestens.

FÜR 4 PERSONEN **ZUBEREITUNG** 15 MINUTEN **KÜHLZEIT** 1 STUNDE **ANRICHTEN** 5 MINUTEN

3 reife Hass-Avocados, halbiert und entsteint, die Hälften geschält und gehackt
Saft von 1 Limette, plus 4 Limettenspalten
2 TL plus 1 TL fein gehackter Liebstöckel
2 Frühlingszwiebeln, gehackt
2 EL gehackte glatte Petersilie
3 EL Brunnenkresseblätter
Meersalz, frisch gemahlener schwarzer Pfeffer
1 TL gemahlener Kreuzkümmel
1 TL Koriandersamen, zerstoßen
1 EL fein gehacktes Koriandergrün
800 ml leichte Gemüsebrühe

1 Avocados mit Limettensaft, 2 Teelöffeln Liebstöckel, Frühlingszwiebeln, Petersilie und Brunnenkresse in den Mixer geben. Mit Salz, Pfeffer, Kreuzkümmel und Koriander würzen. Kurz durchmixen. Bei laufendem Gerät langsam die Brühe hinzugießen.
2 In einer Schüssel zugedeckt für mindestens 1 Stunde und bis zu 24 Stunden kalt stellen. Garniert mit 1 Teelöffel Liebstöckel und Limettenspalten gekühlt servieren.

GEEISTE JOGHURT-KRÄUTER-WALNUSS-SUPPE

In rustikalen Gläsern serviert, bildet diese kalte Joghurt-Kräuter-Walnuss-Suppe nach Art der bulgarischen Tarator einen herrlichen Auftakt für ein Sommeressen.

FÜR 4 PERSONEN **ZUBEREITUNG** 20 MINUTEN **KÜHLZEIT** 1 STUNDE

600 ml Ziegen- oder Schafmilch (nach Belieben fettreduziert)
3 EL fein gehackte glatte Petersilie
1 EL fein gehackter Dill
1 1/2 EL fein gehacktes Koriandergrün
2 TL fein gehackte Minze
1 Thymianzweig
4 EL frische Walnusshälften
Meersalz
250 g Naturjoghurt
1 kleine Prise Chiliflocken oder einige Tropfen Tabasco
Frisch gemahlener schwarzer Pfeffer
Einige zarte Dillstängel, gehackt

1 Milch in eine Schüssel gießen. 2 Esslöffel Petersilie, je 1 Esslöffel Dill und Koriandergrün, 1 Teelöffel Minze und den Thymianzweig hinzufügen. Umrühren und für 1 Stunde kalt stellen.

2 Walnusskerne in einen Topf mit leicht gesalzenem kochendem Wasser geben und 1 Minute blanchieren. Abseihen, grob zerstoßen und beiseitestellen.

3 Thymian aus der Milch fischen und wegwerfen. Die Kräutermilch in den Mixer füllen. Bei laufendem Gerät in kleinen Portionen die Walnusskerne hineingeben und gleichmäßig fein hacken. Joghurt dazugießen, Chiliflocken oder Tabasco hinzufügen und alles gut durchmixen. Mit Salz und Pfeffer abschmecken. Für mindestens 1 Stunde oder auch über Nacht kalt stellen.

4 Vor dem Servieren die restlichen Kräuter einschließlich der zusätzlichen Dillstängel in die Suppe rühren. Abschmecken und zuletzt einige Eiswürfel hineingeben und sofort servieren.

Thymian
Frisch oder auch getrocknet zählt Thymian zu den nützlichsten Kräutern überhaupt.

AROMATISCHE BELÄGE

Diese Mischungen machen simple Brote richtig interessant und verhelfen Gratins zu einer tollen Kruste. Auch für auf dem Herd zubereitete Gerichte sind sie, ganz am Ende untergemischt, ein echter Gewinn.

ROSMARIN-KNOBLAUCH-OLIVEN-BELAG

Für eine Variante ersetzen Sie den Rosmarin durch Thymian oder auch 2 Esslöffel Anis- oder Fenchelsamen und nehmen getrocknete Tomaten statt der Oliven.

FÜR 800 G TEIG **FÜR** 8–10 PERSONEN **ZUBEREITUNG** 20 MINUTEN
RUHEZEIT 30 MINUTEN **BACKZEIT** 25–30 MINUTEN

100 ml fruchtiges Olivenöl
6 Knoblauchzehen, geschält und in Scheiben geschnitten
500 g Weißbrot-Backmischung
16 schwarze Oliven, entsteint und gehackt
5 Rosmarinzweige (etwa 7,5 cm lang), Blätter abgestreift
Grobes Meersalz, frisch gemahlener schwarzer Pfeffer

1 Einen Teller mit Küchenpapier auslegen. Das Öl in einem Topf auf kleiner Stufe erhitzen. Knoblauch in 2 Minuten weich schwitzen, ohne dass er Farbe annimmt. Aus dem Öl nehmen und auf das Küchenpapier geben. Das Öl abkühlen lassen.
2 Brotteig nach Packungsanleitung zubereiten. Auf ein geöltes Backblech von 30 × 22 cm geben und leicht flach drücken.
3 1 Esslöffel des kalten Knoblauchöls auf den Teig träufeln und verstreichen. Knoblauch, Oliven und Rosmarin aufstreuen und leicht andrücken. Mit 1–2 Esslöffeln des Öls beträufeln. Lose mit Frischhaltefolie abdecken. 30 Minuten ruhen lassen.
4 Backofen auf 190° C vorheizen. Folie abnehmen. Das Brot 20–25 Minuten backen. Abkühlen lassen, salzen und pfeffern. Mit dem restlichen Öl beträufeln.

MANAKEISH

Im Nahen Osten streut man diese zitronige Mischung gern auf Fladenbrote.

FÜR 800 G TEIG **FÜR** 8–10 PERSONEN **ZUBEREITUNG** 20 MINUTEN
RUHEZEIT 30 MINUTEN **BACKZEIT** 25–30 MINUTEN

3 EL Blättchen von Zitronenthymian
1 TL gemahlener Sumach
1 TL getrocknete Minze
2 Knoblauchzehen, zerdrückt
1 EL grob abgeriebene Zitronenschale
1 EL Zitronensaft
5 EL fruchtiges Olivenöl
500 g Weißbrot-Backmischung

1 Alle Belagzutaten zusammen im Mörser zerstoßen oder im Mixer hacken.
2 Brotteig bereiten und weiterbehandeln, wie oben unter Punkt 2 beschrieben.
3 Belag auf dem Teig verstreichen. Ruhen lassen und backen, wie oben beschrieben.

SÜSSE IDEEN

Minze, Basilikum und Koriander, aber auch viele andere Kräuter geben Cremes, Sirup und Fruchtdesserts einen aparten Touch. Dabei gilt: Weniger ist mehr. Denn ein Zuviel an intensiv aromatischen Kräutern kann die delikaten süßen Noten leicht übertönen.

VANILLESAUCE MIT BASILIKUM

Zu Erdbeerkuchen oder Fruchtdesserts mit Streuselkruste der absolute Clou.

FÜR 4–6 PERSONEN **ZUBEREITUNG** 20 MINUTEN
KOCHZEIT 30 MINUTEN, PLUS ZEIT ZUM ABKÜHLEN

500 ml Vollmilch
1 kleine Handvoll Basilikumblätter, plus einige kleine Blätter zum Garnieren
2 Vanilleschoten
3 große oder 4 mittelgroße frische Eigelb
6 EL extrafeiner Zucker
1 TL Maisstärke
3 EL Crème fraîche
Szechuanpfeffer (nach Belieben)

1 Milch in einen Topf gießen. Basilikumblätter in der Hand zerdrücken und dann zur Milch geben. Vanilleschoten längs aufschneiden und das Mark herausschaben. Schoten und Mark ebenfalls zur Milch geben. Bei niedriger Temperatur erhitzen, dabei gelegentlich mit einem Holzlöffel rühren. Sobald die Milch leise sprudelt, die Hitze auf die kleinste Stufe herunterschalten und die Milch unter häufigem Rühren noch 10 Minuten köcheln lassen. Beiseitestellen.
2 In einer großen Schüssel die Eigelbe mit dem Zucker mit einem Schneebesen hell und cremig schlagen. Die Maisstärke gleichmäßig einrühren.
3 Die heiße Milch in kleinen Portionen durch ein feines Sieb in die Schüssel gießen, dabei nach jeder Zugabe gründlich mit dem Schneebesen schlagen. Die vom Sieb aufgefangenen Basilikumblätter und Vanilleschoten kräftig ausdrücken, um ihnen möglichst viel Aroma abzugewinnen, und dann wegwerfen.
4 Die Mischung wieder in den Topf geben. Bei sehr schwacher Temperatur unter ständigem Rühren erhitzen, bis sie leise sprudelt und nach etwa 10 Minuten den Rücken des Löffels dick überzieht. Die Sauce darf auf keinen Fall aufkochen. Daher den Topf nach Bedarf zwischendrin ab und zu vom Herd nehmen.
5 Abkühlen lassen und dabei gelegentlich rühren. Die Crème fraîche unterziehen und die Sauce, nachdem sie völlig erkaltet ist, in den Kühlschrank stellen.
6 Gut gekühlt servieren und zuvor noch mit den kleinen Basilikumblättern garnieren. Nach Belieben etwas Szechuanpfeffer darübermahlen, der das leicht pfefferige Aroma des Basilikums schön unterstreicht.

MINZE-ORANGEN-ELIXIER

Für Cocktails, Pimm's, Bowlen und Punsche eine exquisite Bereicherung.

ERGIBT 250 ML **ZUBEREITUNG** 15 MINUTEN **KOCHZEIT** 20 MINUTEN

5 EL gehackte Krause oder andere Minze
Abgeriebene Schale von 1–2 großen Bio-Orangen
300 g extrafeiner Zucker
100 ml frisch gepresster Orangensaft
2 EL Cointreau oder anderer Orangenlikör

Außerdem: 2 Stücke saubere **Gaze,** eines angefeuchtet; **Küchengarn; Trichter; 250-ml-Flasche** oder **-Glas** mit Stöpsel oder Deckel, sterilisiert (siehe S. 176)

1 Minze und Orangenabrieb auf ein doppelt gelegtes Stück Gaze geben. Mit Küchengarn zu einem Säckchen binden (siehe S. 129). Zucker, Orangensaft und -likör sowie 200 Milliliter Wasser in einen Topf geben. Das Säckchen einlegen.
2 Bei mäßiger Temperatur zum Kochen bringen. Ab und zu rühren, bis sich der Zucker gelöst hat. 5–7 Minuten köcheln lassen, sodass der Sirup ein wenig eindickt, dabei gelegentlich rühren. Vom Herd nehmen und zugedeckt auskühlen lassen.
3 Das Säckchen herausnehmen, über dem Topf kräftig ausdrücken und danach wegwerfen. Den Sirup durch einen mit einem feuchten Gazetuch ausgelegten Trichter in eine sterilisierte Flasche oder ein Glas gießen. Fest verschließen, kühl lagern und innerhalb von 4–6 Wochen aufbrauchen.

LAVENDELELIXIER

Probierenswert zu Bratäpfeln, gedünsteten Pfirsichen und cremigem Joghurt.

ERGIBT 200–250 ML **ZUBEREITUNG** 15 MINUTEN **KOCHZEIT** 15 MINUTEN
RUHEZEIT 30 MINUTEN

2 TL getrocknete Lavendelblüten
300 g extrafeiner Zucker
Fein abgeschälte Schale von 1 kleinen Bio-Zitrone, in schmale Streifen geschnitten

Außerdem: 1 Stück saubere **Gaze,** angefeuchtet; **Trichter; 250-ml-Flasche** oder **-Glas** mit Stöpsel oder Deckel, sterilisiert (siehe S. 176)

1 Alle Zutaten mit 300 Millilitern Wasser in einen Topf geben. Auf mittlerer Stufe unter Rühren erhitzen. Wenn sich der Zucker nach 3–4 Minuten gelöst hat, vom Herd nehmen. Mindestens 30 Minuten ziehen lassen, dabei ab und zu rühren.
2 Wieder bei mittlerer Temperatur aufsetzen und ohne Rühren zum Kochen bringen. Auf hoher Stufe 5–7 Minuten lebhaft kochend eindicken lassen.
3 Vom Herd nehmen. Den Sirup, sobald man sich an ihm nicht mehr die Finger verbrennt, vorsichtig durch einen mit feuchter Gaze ausgelegten Trichter in eine sterilisierte Flasche oder ein Glas gießen. Vollständig abkühlen lassen, verschließen und kühl lagern. Innerhalb von 4–6 Wochen verbrauchen.

SIRUP UND LIKÖR

Aromatische Beeren, Blüten, Kräuter und Wurzeln ergeben Sirup mit köstlich frischer Note und würzige Liköre. Damit sie später nicht gären, bei der Zubereitung nur absolut saubere Utensilien verwenden.

SCHWARZER JOHANNISBEERSIRUP

Mit einigen Esslöffeln dieses Sirups, in ein Glas Sprudelwasser gemixt, erhält man einen perfekten Durstlöscher für heiße Sommertage.

ERGIBT 950 ML **ZUBEREITUNG** 20 MINUTEN

450 g Schwarze Johannisbeeren
225 g Zucker
Abgeriebene Schale und Saft von 1 gründlich gewaschenen Bio-Zitrone

Außerdem: 1 Stück saubere **Gaze,** angefeuchtet; **Trichter; 1-l-Flasche** oder **-Glas** mit Stöpsel oder Deckel, sterilisiert (siehe S. 176)

1 Beeren und Zucker mit 250 Millilitern Wasser in einem Topf auf kleiner Stufe zum Köcheln bringen, dabei gelegentlich umrühren. Die Beeren behutsam, aber gründlich zerdrücken, um ihr Aroma freizusetzen. 5–8 Minuten kochen lassen, bis sich der Zucker gelöst hat und die Beeren ihren Saft abgegeben haben.
2 Zitronenschale und -saft einrühren. Den Topf vom Herd nehmen.
3 Den Topfinhalt durch einen mit einem feuchten Gazetuch ausgelegten Trichter langsam in eine Flasche gießen. Wenn der Sirup ausgekühlt ist, die Flasche verschließen und in den Kühlschrank stellen. Binnen 6–8 Wochen verbrauchen.

Schwarze Johannisbeeren
Sie sind wahre Vitamin-C-Bomben und ideal für Sirup und Säfte.

HOLUNDERBLÜTENSIRUP

Bereiten Sie aus diesem aromatischen Sirup und Sprudelwasser eine köstliche Schorle oder verwenden Sie ihn in Eiscremes und anderen Süßspeisen.

ERGIBT 950 ML **VORBEREITUNG** 20 MINUTEN **STANDZEIT** 48 STUNDEN

450 g Zucker
750 ml kochend heißes Wasser
2 Bio-Zitronen, gründlich gewaschen
15 g Zitronensäure
15 voll erblühte Holunder-Blütenstände, geschüttelt, um Insekten zu entfernen

Außerdem: 1 Stück saubere **Gaze,** angefeuchtet; **Sieb; Trichter; 1-l-Flasche** oder **-Glas** mit Stöpsel oder Deckel, sterilisiert (siehe unten)

1 In einer großen Schüssel den Zucker mit 750 Millilitern Wasser übergießen und rühren, bis er sich gelöst hat.
2 Schale der Zitronen fein abreiben und zum Zuckerwasser geben. Zitronen in dicke Scheiben schneiden und ebenso hinzufügen. Zuletzt die Zitrussäure einrühren.
3 Die Blütenstände in das zitronige Zuckerwasser tauchen. Zugedeckt für 48 Stunden beiseitestellen.
4 Ein Sieb mit angefeuchteter Gaze auskleiden und in eine große Schüssel einhängen. Den Sirup vorsichtig durch das Sieb seihen. Durch einen Trichter langsam in eine sterilisierte Flasche oder ein Glas gießen. Fest verschlossen an einen kühlen, dunklen Platz stellen. Nach dem Öffnen im Kühlschrank bis zu 3 Wochen haltbar.

Flaschen und Gläser sterilisieren Den Backofen auf 130 °C vorheizen. Flaschen oder Gläser mit Spülmittel säubern, gut ausspülen und abtropfen lassen. Vor der Verwendung aufrecht für 15 Minuten in den vorgeheizten Ofen geben. Alternativ Glasgefäße durch Spülen in der Maschine bei höchster Temperatur sterilisieren.

Holunder
Makellos weiße Holunderblüten ergeben einen herrlich erfrischenden Sirup.

ENGELWURZLIKÖR

Wodka entlockt Angelikawurzel, Kräutern und Gewürzen markante Aromen.

ERGIBT 480 ML **VORBEREITUNG** 30 MINUTEN **STANDZEIT** 3–6 MONATE

2 Kardamomkapseln, angedrückt
1 TL getrockneter Majoran, zerbröselt
Je 1 Prise gemahlener Piment, Sternanis, Zimt und Koriander
360 ml Wodka
120 ml Zuckersirup, bereitet aus 160 g Zucker und 80 ml Wasser
2 EL fein gehackte gewaschene und gründlich getrocknete Angelikawurzel

Außerdem: 1 Stück saubere **Gaze,** angefeuchtet; **Sieb; 750-ml-Glas** mit Deckel, **kleines Glas** mit Deckel und dekorative **750-ml-Flasche** mit Stöpsel, alle Gefäße sterilisiert (siehe linke Seite)

1 Kardamomkapseln im Mörser zerstoßen. Mit Majoran, Piment, Sternanis, Zimt und Koriander sowie 4 Esslöffeln Wodka in das große Glas geben. Verschlossen für 7 Tage an einen kühlen, dunklen Platz stellen.
2 Den Glasinhalt durch ein mit feuchter Gaze ausgelegtes Sieb in eine Schüssel seihen. Zuckersirup und 250 Milliliter Wodka dazugießen. Das Glas erneut sterilisieren. Den Schüsselinhalt einfüllen und das Glas verschließen. Für 2 Wochen an einen kühlen, dunklen Platz stellen.
3 Angelikawurzel mit 4 Esslöffeln Wodka in das kleine sterilisierte Glas geben. Verschlossen für 2 Wochen an einen kühlen, dunklen Platz stellen. Die Flüssigkeit wie zuvor abseihen, dabei die Wurzel behutsam ausdrücken. Wurzelauszug teelöffelweise unter den kräuterwürzigen Likör mischen, bis der gewünschte Geschmack erreicht ist.
4 Etwaigen Rest des Angelikawurzel-Auszugs sowie den Likör in ihren jeweiligen Gläsern gut verschlossen für 2 Monate an einen kühlen, dunklen Platz stellen. Nach Belieben mehr von dem Auszug zum Likör geben. In eine Schmuckflasche füllen und gut zugekorkt 3 Monate reifen lassen.

Engelwurz
Die Wurzeln zum Trocknen in lange Streifen schneiden und bei sehr niedriger Temperatur über Nacht im Ofen dörren.

KRÄUTERTEES

Über die Heilwirkung von Kräutern besteht weithin Einigkeit. Je nachdem, welches Kraut einem Tee zugrunde liegt, kann er etwa entspannend wirken oder die Laune heben. Und wenn die Blätter, Blüten oder Samen aus eigener Ernte stammen, schmeckt er noch mal so gut.

TEEBEREITUNG

Geerntete Kräuter abbrausen, mit Küchenpapier trocken tupfen und fein hacken (siehe S. 123). Zum Trocknen von Kräutern siehe S. 114. Hier die Grundregeln zur Bereitung von Kräutertee.

1 Pro Tasse Tee benötigt man 2 Esslöffel fein gehackte frische oder 1 Esslöffel zerriebene getrocknete Kräuter. Diese in eine Kanne geben.

2 Ausreichend Wasser zum Kochen bringen. Sobald es aufsprudelt, über die Kräuter gießen. Zu lang gekochtes Wasser ergibt Tee mit flachem Aroma.

3 Den Tee 5 Minuten ziehen lassen. Für einen stärkeren Geschmack erhöht man besser die Kräutermenge, anstatt die Ziehzeit zu verlängern.

4 Die Tassen zum Vorwärmen kurz heiß abspülen und Restwasser ausschütten. Den Tee durch ein feines Sieb in die Tassen seihen.

5 Den Tee nach Belieben entweder pur genießen oder aber mit etwa 1 Teelöffel Honig oder Zucker süßen oder auch mit 1 Spritzer Zitronensaft aromatisieren.

Tassen und Kanne sollten möglichst nicht aus Metall bestehen, es sei denn, es wäre emailliert. Besser ist Glas und optimal schließlich Keramik oder Porzellan.

EISTEE

Da Kälte die Geschmacksnerven betäubt, muss ein Eistee etwa um ein Drittel kräftiger sein, als wollte man denselben Tee heiß genießen. Bevor man ihn über Eiswürfel gießt, ganz abkühlen lassen. Kräuter mit minzigem und zitronigem Aroma ergeben die köstlichsten Eistees.

1 So viel Kräutertee zubereiten, dass ein Teil zu Eiswürfeln gefroren werden kann, während der Rest im Kühlschrank kalt wird.

2 Die nach etwa 2 Stunden festen Eiswürfel in ein Glas geben und mit dem Tee übergießen. Normale Eiswürfel aus Wasser würden den Tee verdünnen.

3 Den Eistee mit einem frischen Stängel des Krautes dekorieren, aus dem er bereitet wurde. Auch Zitronen-, Limetten- oder Orangenscheiben machen sich gut.

ABKOCHUNGEN

Bei härteren Pflanzenteilen, etwa Wacholderbeeren, 2–4 gehäufte Teelöffel der zerstoßenen, gehackten oder geriebenen Zutaten mit 500 Millilitern Wasser übergießen. Aufkochen, zugedeckt 20 Minuten sanft köcheln und noch 10 Minuten ziehen lassen. Abseihen und servieren oder in einem verschlossenen Glas bis zu 1 Woche aufbewahren.

TEEBEUTEL AUS EIGENEN KRÄUTERN HERSTELLEN

So haben Sie die Gewissheit, dass nur beste Qualität in Ihren Teebeuteln enthalten ist. Zudem können Sie eigene Mischungen ganz nach Gusto herstellen – auch auf Vorrat. Getrocknete Kräuter entfalten in Tees etwa die zweifache Aromakraft von frischen Kräutern.

1 Getrocknete Kräuterblätter oder -blüten (siehe S. 114–119) behutsam mit den Fingern zerreiben. Ob Sie mischen oder nicht, ist Ihnen überlassen.

2 Aus feiner Gaze ein 10 × 10 cm großes Stück ausschneiden. Geben Sie in die Mitte 1 Esslöffel der Kräuter – so viel genügt für eine Tasse.

3 Die Stoffzipfel zusammenfassen und mit einem Stück Küchengarn zusammenbinden, sodass die Kräuter zuletzt komplett eingeschlossen sind.

4 Beutel in einer Tasse mit kochendem Wasser übergießen. 5 Minuten (nach Geschmack auch kürzer) ziehen lassen. Herausnehmen und den Tee genießen.

MAROKKANISCHER MINZETEE

Nicht nur in Marokko, sondern im gesamten nordafrikanischen Raum begleitet dieser süße Tee die meisten Mahlzeiten.

FÜR 8 PERSONEN

3 EL loser grüner Tee oder 5 Beutel grüner Tee
1 Bund frische Krause oder Grüne Minze
2 l Wasser
200 g extrafeiner Zucker

1 Den grünen Tee und die Minze in eine große Teekanne geben.
2 Das Wasser in einem großen Topf auf hoher Stufe zum Kochen bringen. Sobald es aufwallt, vorsichtig in die Kanne gießen. Den Tee 5 Minuten ziehen lassen, dabei ein- oder zweimal umrühren. Zucker hinzufügen und rühren, bis er sich gelöst hat.
3 Den Tee noch sehr heiß durch ein Sieb in Tassen oder aber abgekühlt in Gläser mit Eiswürfeln gießen.

HAGEBUTTENTEE

Als während des Zweiten Weltkriegs keine Orangen erhältlich waren, tranken britische Schulkinder Hagebuttensirup, um zusätzliches Vitamin C zu erhalten. Dieser Tee schmeckt zart und frisch zugleich.

FÜR 2 PERSONEN

7 dicke Hagebutten von *Rosa rugosa*, entstielt
500 ml Wasser

1 Die Hagebutten grob hacken und mitsamt den Samen in eine Teekanne geben.
2 Das Wasser in einem Topf auf hoher Stufe oder in einem Wasserkocher sprudelnd erhitzen. Die Hagebutten damit übergießen und 10 Minuten ziehen lassen.
3 Den Tee durch ein Sieb in vorgewärmte Tassen gießen.

VEILCHENTEE

Zu Zeiten Queen Victorias war Veilchentee bei den Briten sehr en vogue. Eine frische Veilchenblüte in der Tasse sieht hübsch aus und mehrt noch das Aroma.

FÜR 3 PERSONEN

18 Veilchenblüten, gesäubert und behutsam abgespült
750 ml Wasser

1 Veilchenblüten in eine Teekanne füllen.
2 Wasser in einem Topf auf hoher Stufe oder in einem Wasserkocher erhitzen. Nach dem Aufwallen sogleich in die Kanne gießen. Vorsichtig umrühren.
3 Den Tee 10 Minuten ziehen lassen. In vorgewärmte Tassen abseihen.

KAMILLENTEE

Heute weltweit einer der populärsten Tees überhaupt, kam er schon bei den alten Ägyptern und Römern gut an. Er wirkt entspannend und belebend zugleich.

FÜR 3 PERSONEN

3 gehäufte EL frische Kamillenblüten
750 ml Wasser
Honig nach Belieben

1 Die Kamillenblüten in eine Teekanne geben.

2 Wasser in einem Topf auf hoher Stufe oder in einem Wasserkocher erhitzen. Sobald es aufwallt, gleich in die Kanne gießen. Den Tee 10 Minuten ziehen lassen.

3 Durch ein Sieb in vorgewärmte Tassen gießen. Einfach so genießen oder nach Belieben Honig einrühren.

LINDENBLÜTENTEE

Die Blüten von *Tilia × vulgaris,* der in unseren Breiten heimischen Linde, ergeben einen köstlichen Tee mit zartem Blumenduft und entspannender Wirkung.

FÜR 3 PERSONEN

9 Lindenblüten
750 ml Wasser
1 1/2 TL Honig

1 Die Lindenblüten in eine Teekanne geben.

2 Das Wasser in einem Topf auf hoher Stufe oder in einem Wasserkocher erhitzen. Nach dem ersten Aufwallen gleich in die Kanne gießen und den Honig einrühren.

3 Den Tee nach 5 Minuten durch ein Sieb in vorgewärmte Tassen abseihen.

VERDAUUNGSTEE

Mit 4 Kräutern aus Ihrem Garten können Sie ein Verdauungselixier bereiten, das gut wirkt und sich bis zu 6 Tage im Kühlschrank aufbewahren lässt.

FÜR 4 PERSONEN

Je 2 EL grob gehackte Pfefferminze, Fenchelblättchen, Zitronenmelisse und Kamillenblüten
1 l Wasser
Honig nach Belieben

1 Kräuter und Blüten in eine Teekanne füllen.

2 Das Wasser in einem Topf auf hoher Stufe oder in einem Wasserkocher erhitzen. Sobald es aufwallt, gleich in die Kanne gießen. 10 Minuten ziehen lassen.

3 Den Tee in vorgewärmte Tassen abseihen. Nach Belieben mit Honig süßen.

TEE VON LAVENDEL UND ZITRONENVERBENE

Solo liefert Zitronenverbene einen wunderbaren Tee. Abgerundet mit blumigem Lavendelduft, wird er zu etwas ganz Besonderem.

FÜR 6 PERSONEN

140 g Blätter von Zitronenverbene
3 EL ganze Lavendelblüten
1,5 l Wasser

1 Die Blätter der Zitronenverbene über einer Schüssel zerpflücken. Mit den Lavendelblüten in eine große Teekanne füllen und vermischen. Für nur 1 Portion je 1 Teelöffel beider Kräuter in einen Teebeutel packen (siehe S. 181).
2 Wasser in einem Topf auf hoher Stufe erhitzen. Sobald es aufwallt, die Kräuter in der Kanne (oder der Tasse) damit übergießen. Den Tee 5 Minuten ziehen lassen.
3 In vorgewärmte Tassen abseihen bzw. den Teebeutel entfernen.

TEE VON SALBEI UND ZITRONENMELISSE

Der ziemlich markante, kräuterwürzige Geschmack wird durch Zugabe von Zitronenmelisse entschieden gefälliger.

FÜR 2 PERSONEN

2 EL Salbei, fein gehackt
3 EL Zitronenmelisse, fein gehackt
500 ml Wasser
1 TL Honig

1 Die fein gehackten Kräuterblätter in eine Teekanne füllen.
2 Das Wasser in einem Topf auf hoher Stufe oder in einem Wasserkocher sprudelnd erhitzen. Sogleich in die Kanne gießen und den Honig einrühren.
3 Den Tee, wenn er 10–15 Minuten gezogen hat, in vorgewärmte Tassen abseihen.

TEE VON FRISCHEM INGWER

Der Tee ist vor allem beliebt, wenn Erkältungen drohen, belebt aber zu jeder Zeit.

FÜR 4 PERSONEN

1 l Wasser
5 cm frische Ingwerwurzel, geschält und in feine Scheiben geschnitten
1 TL Honig
4 Zitronenscheiben

1 In einem Topf das Wasser auf hoher Stufe erhitzen, bis es aufwallt. Ingwer hineingeben. Bei verminderter Temperatur zugedeckt 15 Minuten köcheln lassen.
2 Den Honig einrühren, bis er sich gelöst hat.
3 Den Tee in vorgewärmte Tassen abseihen. Jeweils 1 Zitronenscheibe hineingeben.

TEE VON SCHARLACH-INDIANERNESSEL

Blätter wie Blüten des Krautes zeichnen sich durch ein zitroniges Aroma aus. Unterstützt durch einen Spritzer Zitronensaft, ergeben sie einen köstlichen Eistee.

FÜR 3 PERSONEN

2 EL Blätter und Blüten der Scharlach-Indianernessel, fein gehackt
750 ml Wasser
Honig nach Geschmack
3 Zitronenscheiben

1 Blätter und Blüten in eine Teekanne füllen.
2 Das Wasser in einem Topf auf hoher Stufe oder in einem Wasserkocher sprudelnd erhitzen. Sogleich in die Kanne gießen und ein wenig Honig einrühren.
3 Den Tee je nach der gewünschten Stärke 5–10 Minuten ziehen lassen. Durch ein Sieb in vorgewärmte Tassen seihen und jeweils noch 1 Zitronenscheibe hinzufügen.

TEE VON ANIS-YSOP UND BERGMINZE

Beide Kräuter liefern jeweils einen wohlschmeckenden Tee. Im Doppel steigern sie sich zu minzebetontem Genuss mit zartem Anisbeiklang.

FÜR 3 PERSONEN

1 EL fein gehackter Anis-Ysop
1 EL fein gehackte Bergminze (Blätter und Stängel)
750 ml Wasser
Honig nach Geschmack

1 Die Kräuter in eine Teekanne geben.
2 Das Wasser in einem Topf auf hoher Stufe oder in einem Wasserkocher sprudelnd erhitzen. Sogleich die Kräuter damit übergießen. Honig nach Geschmack hinzufügen und den Tee 5 Minuten, für ein intensiveres Aroma auch länger ziehen lassen.
3 Durch ein Sieb in vorgewärmte Tassen abseihen.

ROSENPELARGONIENTEE

Zur Beruhigung und Stressminderung ist dieser Tee seit Langem geschätzt. Auch aus den Blättern anderer Duftpelargonien lassen sich Tees aufbrühen.

FÜR 4 PERSONEN

185 g Rosenpelargonienblätter
1 l Wasser
Honig nach Geschmack

1 Die Blätter in eine Teekanne füllen.
2 Das Wasser in einem Topf auf hoher Stufe oder in einem Wasserkocher sprudelnd erhitzen. Sogleich die Kräuter damit übergießen. Honig nach Geschmack einrühren.
3 Den Tee 5 Minuten ziehen lassen, in vorgewärmte Tassen abseihen und servieren.

KOMBINATIONSTIPPS

Basilikum zu Tomaten, Fenchelgrün zu Wolfsbarsch oder etwa Estragon zu Eiern – diese Dream-Teams sind hinlänglich bekannt. Daneben gibt es aber viele weitere, die auszuprobieren sich lohnt.

FLEISCH

HAUPTZUTAT	PASSENDE KRÄUTER	KOCHTIPPS
Rindfleisch	*Bouquet garni, Petersilie, Lorbeerblatt, Thymian, Liebstöckel, Wacholderbeeren, Meerrettich, Orange, Chili, Knoblauch, Winterzwiebel, Kapern, Tulsi-Basilikum, Kümmelsamen*	*Rinderschmorfleisch: Gut passt ein dickes Bouquet garni, zusammengebunden mit getrockneter Orangenschale.*
Lamm, Hammel	*Rosmarin, Zitrone, Limette, Knoblauch, Basilikum, Lavendel, Kapern, Koriandergrün, Minze, Fenchel*	*Milchlamm: Rosmarin sparsam dosieren. Lammbraten: Fond zuletzt mit frischer Minze und Koriander würzen.*
Schweinefleisch	*Knoblauch, Fenchelsamen, Thymian, Salbei, Petersilie, Ysop, Lorbeerblatt, Curryblatt, Koriandergrün, Majoran, Tulsi-Basilikum, Scharlach-Indianernessel, Kümmelsamen*	*Vor dem Braten mit Salbei und Knoblauch spicken. Zu Schweinebauch passen gut zerstoßene Fenchelsamen.*
Kalbfleisch	*Salbei, Lorbeerblatt, Petersilie, Thymian, Bohnenkraut, Kapern, Zitrone, Orange, Knoblauch, Zitronenmelisse, Kümmelsamen*	*Ossobuco: Mit Gremolata überziehen. Weißes Kalbsragout: Mit frischem Thymian oder Bohnenkraut würzen.*
Reh und anderes Haarwild	*Lorbeerblatt, Wacholderbeeren, Fenchel, Rosmarin, Salbei, Thymian, Petersilie, Ysop*	*Rehmarinaden vertragen reichlich gemischte Kräuter.*

GEFLÜGEL

HAUPTZUTAT	PASSENDE KRÄUTER	KOCHTIPPS
Huhn, Stubenküken, Pute	*Petersilie, Knoblauch, Schnittlauch, Bouquet garni, Estragon, Dill, Selleriegrün, Thymian, Zitrone, Limette, Fenchel, Salbei, Kerbel, Scharlach-Indianernessel, Tulsi-Basilikum, Ringelblume*	*Großzügig verwenden – ohne reichlich Kräuter kann Geflügel leicht fade schmecken.*
Ente	*Petersilie, Knoblauch, Schnittlauch, Bouquet garni, Estragon, Dill, Selleriegrün, Thymian, Zitrone, Lorbeerblatt*	
Gans	*Petersilie, Knoblauch, Bouquet garni, Estragon, Dill, Selleriegrün, Thymian, Zitrone, Lorbeerblatt*	*Getrockneter Thymian gibt Gänsefett Kontra.*
Wildgeflügel wie Perlhuhn und Fasan	*Petersilie, Knoblauch, Bouquet garni, Schnittlauch, Estragon, Dill, Selleriegrün, Thymian, Zitrone, Ysop*	

FISCH UND MEERESFRÜCHTE

HAUPTZUTAT	PASSENDE KRÄUTER	KOCHTIPPS
Schellfisch, Kabeljau, Seehecht, Seelachs, Hoki, Seeteufel	*Dill, Petersilie, Thymian, Lorbeerblatt, Sauerampfer, Zitrone, Meerrettich, Zitronen-Basilikum, Ringelblume, Shiso, Salbei, Rosmarin*	*Räucherfisch nicht zu knapp mit Thymian und Petersilie würzen und mit Meerrettichsauce servieren.*
Lachs, Forelle, Rochen, Aal	*Dill, Petersilie, Lorbeerblatt, Kapern, Orange, Zitrone, Fenchel, Meerrettich, Zitronenmelisse, Rosmarin*	*Klassische Zutaten für Rochen: Kapern, Butter und ein Spritzer Weißweinessig.*
Sardine, Makrele, Thunfisch, Hering	*Dill, Petersilie, Sauerampfer, Rucola, Fenchel, Zitrone*	*Zum Grillen wie zum Braten in Pfanne oder Ofen zuvor reichlich Kräuter aufstreuen.*
Wolfsbarsch, Petersfisch	*Fenchel, Koriander, Zitronengras, Zitrone, Zitronen-Basilikum*	*Vor dem Braten großzügig mit Kräutern füllen.*
Seezunge, Glattbutt, Scholle, Heilbutt	*Petersilie, Zitrone, Zitronen-Basilikum*	*Etwas Petersilie, Zitrone und Butter – mehr brauchen diese delikaten Fische nicht.*
Rote Meerbarbe, Brachsen, Mittelmeerfische	*Fenchel, Petersilie, Zitrone, Orange, Zitronen-Basilikum, Ringelblume*	
Venus- und Miesmuscheln, Austern	*Petersilie, Knoblauch, Schnittlauch, Thymian, Fenchel, Dill*	*Miesmuscheln in Weißwein mit fein gehackten gemischten Kräutern dämpfen.*
Garnelen, Krebse, Hummer, Kalmare	*Knoblauch, Ingwer, Schnittlauch, Zitronengras, Limette, Koriander, Chili, Petersilie, Oregano*	

EIER UND MILCHPRODUKTE

HAUPTZUTAT	PASSENDE KRÄUTER	KOCHTIPPS
Eier	*Petersilie, Estragon, Kerbel, Dill, Schnittlauch, Winterzwiebel, Bärlauch, Thymian, Bohnenkraut, Süßdolde, Majoran, Sauerampfer*	*Fein gehackte frische Fines Herbes ergänzen Eierspeisen, etwas Thymian oder Bohnenkraut herzhafte Tortillas.*
Käse: Frisch-, Weichkäse	*Basilikum, Salbei, Schnittlauch, Zitronenmelisse, Majoran*	*Zu frischem oder cremigem Käse passen fein gehackte Fines Herbes, zu reifem Käse getrocknete Samen, zu gekochtem Käse Senfsamen.*
Halbhart-, Hartkäse	*Kreuzkümmel-, Fenchel-, Kümmel-, Koriander-, Senfsamen*	
Joghurt, Sahne	*Petersilie, Estragon, Kerbel, Dill, Schnittlauch, Minze, Koriandergrün, Borretsch, Sauerampfer*	*Cooler Drink: Mixen Sie Wasser und Joghurt 1:1 mit Eiswürfeln und Koriander, Schnittlauch oder Petersilie.*

GEMÜSE, HÜLSENFRÜCHTE, BULGUR

HAUPTZUTAT	PASSENDE KRÄUTER	KOCHTIPPS
Paprikaschoten, Auberginen, Zucchini	*Knoblauch, Chili, Petersilie, Koriandergrün, Estragon, Dill, Oregano, Majoran*	*Rohe oder gegrillte Zucchini: frischer Estragon und Dill.*
Spinat	*Knoblauch, Chili, Zitrone*	*Dünsten, mit Zitrone beträufeln.*
Weißkohl, Blumenkohl, Brokkoli, Rosenkohl	*Petersilie, Thymian, Bohnenkraut, Knoblauch, Wacholderbeeren, Kapern, Fenchel-, Koriander- und Kümmelsamen, Lorbeerblatt*	*Geschmorter Rotkohl und Sauerkraut harmonieren bestens mit Fenchel- und Koriandersamen, Kapern und Wacholderbeeren.*
Grüne Bohnen	*Knoblauch, Petersilie, Kerbel, Koriandergrün*	
Asiatisches Blattgemüse	*Knoblauch, Schnittlauch, Ingwer, gemahlener Koriander, Chili, Kreuzkümmel, Zitronengras*	
Stangensellerie	*Koriandersamen, Schnittlauch, Petersilie*	
Blattsalat	*Fines Herbes*	*Nur frische Kräuter verwenden.*
Pilze	*Knob-/Schnittlauch, Petersilie, Dill, Koriandergrün*	
Rote Bete	*Petersilie, Schnittlauch, Koriandergrün, Thymian*	*Gekochte Rote Bete: frische Kräuter. Rote Bete aus dem Ofen: getrockneter Thymian.*
Möhren	*Knoblauch, Salbei, Kreuzkümmel, Thymian, Fenchel*	
Kartoffeln	*Knoblauch, Schnittknoblauch, Bärlauch, Schnittlauch, Petersilie, Thymian, Lorbeerblatt, Rosmarin, Salbei, Dill, Minze, Kerbel, Fines Herbes*	*Neue Kartoffeln: gehackte Fines Herbes, Dill, Minze. Bratkartoffeln: Knoblauch, Thymian, Mittelmeerkräuter.*
Süßkartoffeln	*Knoblauch, Rosmarin, Thymian, Fenchelsamen*	
Steckrüben, Pastinaken, Speiserüben, Kürbis	*Petersilie, Thymian, Rosmarin, Knoblauch*	*Ofengemüse ruft förmlich nach Knoblauch und kräftigen Mittelmeerkräutern.*
Artischocken	*Kerbel, Petersilie, Knoblauch, Schnittlauch, Minze, Liebstöckel, Selleriegrün, Dill, Sauerampfer*	*Vorzüglich ist dazu eine Vinaigrette mit Knoblauch.*
Erbsen	*Kerbel, Petersilie, Schnittlauch, Minze, Liebstöckel, Selleriegrün, Dill, Sauerampfer, Bohnenkraut*	
Getrocknete Dicke Bohnen, Grüne Bohnen, Kichererbsen	*Bouquet garni, Bohnenkraut, Knoblauch, Petersilie, Liebstöckel, Minze, Koriandergrün, Lorbeerblatt, Thymian, Majoran, Oregano, Guter Heinrich, Kreuzkümmel, Mauersenf*	*Mit einem Bouquet garni kochen, abseihen, mit frischen Kräutern bestreuen.*
Linsen	*Knoblauch, Winterzwiebel, Petersilie, Thymian, Lorbeerblatt, Koriandergrün, Bohnenkraut*	*Fein gehackte Petersilie ergänzt gut grüne Linsen.*
Bulgur	*Koriandergrün, Knoblauch, Petersilie, Thymian, Minze*	*Mit reichlich Kräutern würzen.*

FRÜCHTE

Verwenden Sie Kräuter in Maßen, da sie das leichte Fruchtaroma schnell übertönen.

HAUPTZUTAT	PASSENDE KRÄUTER	KOCHTIPPS
Tomaten	*Basilikum, Majoran, Oregano, Liebstöckel, Estragon, Koriandergrün, Knoblauch, Schnittlauch*	*Estragon passt ebenso gut wie Basilikum.*
Avocados	*Schnittlauch, Rucola, Liebstöckel, Selleriegrün, Sauerampfer, Koriandergrün*	
Äpfel	*Lavendel, Koriandergrün, Fenchel*	
Birnen	*Rosmarin, Lavendel, Koriandergrün*	*Getrocknet sparsamst verwenden.*
Bananen	*Zitrone, Orange, Minze, Koriander, Zitronengras*	
Pfirsiche, Nektarinen, Aprikosen, Pflaumen	*Basilikum, Süßdolde, Koriandergrün, Lavendel*	*Gedünstete Früchte: frische Kräuter. Trockenfrüchtekompott: getrockneter Koriander und Lavendel.*
Trauben	*Koriandergrün, Zitrone*	
Beeren, Kirschen	*Schokoladen-Minze, Basilikum*	*Schokoladen-Minze ist köstlich an Himbeeren, Basilikum und ein Spritzer Balsamico-Essig an Erdbeeren.*
Melone	*Minze, Basilikum, Koriandergrün*	
Rhabarber	*Orange, Süßdolde, Ingwer*	*Mit Orangenzucker dünsten.*
Mangos, Ananas, Papayas, Kiwis	*Zitrone, Minze, Basilikum, Koriandergrün*	*Fruchtscheiben mit Zitrusabrieb und Basilikum bestreuen.*
Zitrusfrüchte	*Zitronengras, Koriandergrün*	
Kokosnuss	*Chili, Ingwer, Knoblauch, Schnittlauch, Koriandergrün, Thai-Basilikum*	*Das Fett gebratener Kokosnuss verlangt nach Kräutern.*
Feigen	*Koriandergrün, Lavendel*	

DESSERTS UND SÜSSE SACHEN

HAUPTZUTAT	PASSENDE KRÄUTER	KOCHTIPPS
Teigtaschen, Kekse, Kuchen	*Dill-, Fenchel-, Kümmel- und Koriandersamen, Ingwer, Lavendel*	
Vanillesauce, Cremes, Eiscremes	*Lorbeerblatt, Lavendel, Koriandergrün, Süßdolde, Holunder, Engelwurz, Schokoladen-Minze, Zimt, Basilikum*	*Kräuter in einem Stoffsäckchen in Milch ziehen lassen.*
Schokolade	*Ingwer, Minze, Orange, Koriandergrün, Zitronengras, Zitrone, Fenchelsamen, Rosenblütenblätter*	*Hochwertige Schokolade sparsam aromatisieren.*

REGISTER

DANK

DK dankt Helena Caldon und Constance Novis für die Redaktion, William Reavell, Peter Anderson und Sarah Ashun für ihre schönen Fotos, Nicky Collings für die Fotoregie, Alison Shackleton, die ihren Garten zur Verfügung stellte, Jan Stevens, Bren Parkins-Knight und Anna Burges-Lumsden als Rezept-Testern, Jane Lawrie für ihr Food-Styling, Victoria Allen als Zuständige für die Requisiten, Mandy Earey für ihre Design-Assistenz, Lucy Boyd, Helen Kells und Charlotte Senn von Petersham Nurseries für ihre hinreißenden Kräuterarrangements, Emma Callery und Kajal Mistry für die redaktionelle Hilfe, Sue Morony als Korrektorin, Hilary Bird für das Register, Romaine Werblow für ihre Bildrecherche und den nachfolgend Genannten für ihre Kräuter: Arne Herbs, Jekka's Herb Farm, The Perennial Nursery, Cotswold Garden Flowers, Plants4Presents und Highdown Nursery.

Jeff Cox Mein Respekt und Dank gilt Lamar Bumbaugh, der mir zeigte, wo der Ginseng wächst, Cyrus Hyde von Wellsweep Herb Farm, der mein generelles Kräuterwissen mehrte, und speziell den großen Köchen des Sonoma County, Kalifornien, für all ihre Anregungen zum Gebrauch von Küchenkräutern. Dank an alle bei DK und an Helena Caldon für ihre Redaktionskunst.

Mary-Pierre Moine Ich danke dem DK-Team, vor allem Andrew Roff, Constance Novis und Helena Caldon, für ihre Gründlichkeit, gepaart mit Takt und Humor. Danken möchte ich auch Philippa Davenport, die mir mein erstes Sauerampferbeet sowie unlängst eine schöne Liebstöckelernte bescherte und überhaupt meinen Kräuterkulturen über die Jahre auf die Sprünge half.

Cover
Vorn: Dreamstime.com: valda Tappenden/Vayen

Weitere Informationen: www.dkimages.com

Grüner Daumen im Handumdrehen

Die kleine Gartenschule
ISBN 978-3-8310-3228-0
EURO 14,95 [D] 15,40 [A]

Große Ernte auf kleinstem Raum
ISBN 978-3-8310-2989-1
EURO 16,95 [D] 17,50 [A]

Kreative Pflanzideen
ISBN 978-3-8310-2764-4
EURO 19,95 [D] 20,60 [A]

Kreativ durchs ganze Jahr
ISBN 978-3-8310-3191-7
EURO 16,95 [D] 17,50 [A]

Weitere großartige Bücher
finden Sie unter www.dorlingkindersley.de

DK